운문 일기
1998-2012

김선향

서정시학

김선향
이화여고 졸업. 이화여대 영문학과 졸업.
미국 Fairleigh Dickinson University 대학원 영문학과 졸업.
이화여대 출강. 경희대학교 교수.
경남대학교 영문학과 교수.
현 북한대학원 대학교 이사장.

저서 「깨진달」(1980), 「17세기 형이상학파 5인 시선집」(1996),
「John Donne의 연가」(1998), 「존 던의 거룩한 시편」(2001),
「존 던의 애가」(2005), 외 다수

운문 일기
1998-2012

2012년 11월 15일 초판 1쇄
2013년 1월 10일 초판 4쇄

지은이 | 김선향
펴낸이 | 김구슬
펴낸곳 | 서정시학
편 집 | 최진자
인 쇄 | 서정인쇄

주 소 | 서울시 성북구 동선동 1가 48 백옥빌딩 6층
전 화 | 02-928-7016
팩 스 | 02-922-7017
이메일 | poemq@dreamwiz.com
출판등록 | 209-07-99337

계좌번호 | 070101-04-038256(국민은행)
ISBN 978-89-94824-85-7   03810

값 13,000원
*이 책의 판권은 지은이와 도서출판 서정시학에 있습니다.
 양측의 서면 동의 없이 무단 전재 및 복제를 금합니다.

운문 일기
1998-2012

내 삶의 긍지인 제이와 아이들에게

자 서

　사랑했던 아버지가 일찍 세상을 떠난 후 어머니는 나를 온 세상인 양 사랑하며 이십여 년 동안 나의 가족과 집을 지켜 주었다. 어머니마저 떠나고 내 가슴에만 남은 부모를 생각하며 나는 내 삶의 흔적을 남기고 싶었다.

　나의 가족과 내가 만났던 특별한 사람들, 함께 일했던 동료와 같은 시대를 살게 된 인연과 우연한 만남, 그리고 인생을 생각하며 쓴 일기에서 내 삶의 한 부분을 운문으로 압축해 보았다. 내 책을 읽어줄 미지의 독자 분들에게 감사를 전하며.

2012년 가을

김선향

‖ 차례 ‖

자서 | 7

　인생 ········ 15
　마지막 꽃 ········ 17
　어머니를 위한 기도 ········ 19
　꿈 ········ 21
　어머니를 생각하면 ········ 23
　귀로 ········ 24
　비 오는 날에 ········ 26
　풍악호를 타고 금강산에 가다 ········ 28
　하얀 풍경 ········ 31
　평양에서 온 꽃다발 ········ 32
　창 밖 설경 ········ 35
　복숭아씨 ········ 37
　시 ········ 39
　기표의 백일에 ········ 40
　갱년기 ········ 42
　맑게 갠 날 바다를 바라보며 ········ 44

줄넘기 ……… 46

별 ……… 48

브루나이에서 ……… 49

수상도시 ……… 51

샤갈 전시회에서 ……… 52

인연 ……… 53

해금강海金剛에서 ……… 56

진부령을 넘으며 ……… 60

블루 하와이 ……… 62

춘설春雪 ……… 63

타이거 우즈와의 경기 ……… 64

후회 ……… 67

아들의 연인 ……… 70

32번가에서부터 59번가까지 ……… 72

현재 ……… 76

아카시아 공원 ……… 78

아들의 결혼식에서 ……… 80

내기에 지고 ……… 82

돌아오지 않을 시간들을 위해 ……… 84

홍콩해海를 바라보며 ……… 89

새 식구 ……… 91

뉴욕의 토요일 ……… 94

나이 든다는 것 ········ 97

다시 보는 평양 ········ 100

희망에 대하여 ········ 105

총통과의 만찬 ········ 107

통증의 가르침 ········ 111

시연이 온 날 ········ 114

시연이, 안녕! ········ 116

레베카의 집 ········ 118

딤섬 오찬 ········ 120

밀튼 하우스에서 ········ 123

옛날 사진 ········ 126

우정 ········ 129

FDU의 날에 ········ 131

기념촬영 ········ 133

수잔 ········ 135

하와이 사람들 ········ 137

빅스 부인의 像 ········ 139

진주만眞珠灣 ········ 141

꿈속의 사자 ········ 142

삼대 ········ 146

이름 ········ 149

거울 속 바다 ········ 151

아침 청소 ········ 153

잘 가요, 맬컴 ········ 156

최후의 만찬-밀라노에서 · 1 ········ 159

두오모 성당-밀라노에서 · 2 ········ 162

유로 열차-밀라노에서 몬테카를로까지 ········ 164

모나코 왕국-그레이스 켈리를 생각하며 ········ 167

지중해에서의 수상스키-몬테카를로에서 ········ 169

세나-모나코에서 ········ 171

다시 보는 파리 ········ 175

지베르니의 정원 ········ 177

약속 ········ 179

도버해협을 지나며 ········ 182

템스 강가에서 ········ 184

록스톤 애비 ········ 187

빌리 엘리엇-빅토리아 팰리스 극장에서 ········ 192

하이드 파크 ········ 194

길 찾기 ········ 195

터너의 풍경화 ········ 197

홀인원 ········ 198

분쟁방지상賞 첫 시상식에서 ········ 201

아이티의 비가悲歌 ········ 207

브람스를 좋아하세요? ········ 209

낙상 ········ 212

시술 ········ 217

9·11 ········ 221

시준에게 ········ 223

사랑의 빵굼터 ········ 225

일념, 마흔해 ········ 228

일본 대지진 ········ 230

후쿠시마 원전사고 ········ 233

두 번의 건배사 ········ 235

왕실 결혼식 ········ 237

편지 ········ 239

사랑 ········ 241

삼형제 맺기 ········ 243

제인 하만 ········ 246

장군의 전역식 ········ 248

우리 기쁜 젊은 날—62기 이화졸업 50주년 기념여행 ········ 251

2012 런던 올림픽 ········ 258

생일 ········ 260

운문 일기

인생

십 년 동안 집 밖을 나가 본 적이 없는 여인
그녀를 나는 알고 있다.
처음 낙상하여 오른쪽 골반이 깨어지고
플라스틱 고리를 넣는 수술로
몸과 인생을 지팡이에 의지하게 되었다.
두 번째 미끄러져선 왼쪽 골반이 부서지고
또 플라스틱 고리를 넣어
간신히 걸을 수 있었지만
그것도 잠시, 세 번째 사고로 이젠
영영 걸을 수 없게 되었다.
침대에 누워만 있는 날들이 흘러가고
어느 날부터는 휠체어로 옮겨져
몇 시간씩 앉아 있는 연습을 한다.
집안에서만 맴을 돌아도
여인에게 생은 참을 수 없는 존재는 아니다.
먹고, 자고, 깨는 모두를 느끼며
인내하려 하기 때문이리라.
몇십 평 되는 이 집안이 여인의 우주이고, 세계이고,

때때로 지옥이고 천국이지만
그녀는 내 인생의 큰 기둥이다.
어머니가 없는 집을
나는 상상할 수 없기 때문이다.

                                              1998년 4월 1일

마지막 꽃

노인이 떠난 거실 창가에
잎 진 앙상한 꽃대만
화분 흙 속에 뿌리박고 있다.
사막을 연상하는 풍경 속에
마지막 꽃 하나가 걸려 있다.

거친 선을 긋고 뻗은
마른 가지 위에 핀
붉은 꽃 한 송이는
스스로 마지막 꽃인 걸 아는지
빛을 잃지 않고
유난히 선명하다.

내과 중환자실 침상에서
노인은 84세로 의식을 잃고
링거 병에 매달려 있다.
10년을 거실에 갇혀 살았는데
바뀐 공간은 병원,

산소호흡기가 코를 꿰고
영양주사 줄은 코의 한쪽 터널을
통과하고 있다.
심장박동기의 집게가
손가락 끝에 끼워 있고
온갖 전깃줄들이
노인 가슴 위에 얽혀 있다.

눈을 떠도 보지 못하고
불러도 듣지 못하는 혼수상태
간신히 노인을 붙들고 있는 힘은
무엇일까.

노인이 떠난 거실에서
홀로 견디는 꽃 한 송이는
아직 제 가지 위에 단단히 걸려 있는데
중환자실에서
생의 마지막 끈을 놓지 못하는 노인은
그 꽃과 어떤 경주를 하고 있는가.

1998년 7월 12일

어머니를 위한 기도

이젠 더 기도하지 못한다.
무어라고 기도해야 할지
모르기 때문이다.
살려달라고, 살려달라고 하기엔
너무 고통스러워 보이고
이젠 그만 데려가 달라고 하면
마땅한 기도가 아닐 테니까.

어머니가 코와 목과 팔에
온갖 주사 줄을 매달고
무의식의 어둠 속을 헤매는 저 삶을
내가 원해야 하는지.
가끔 120세를 장담하던
어머니의 애착을
외면해야 할지 나는 모른다.
모든 것이 한순간에 무너질 것을
어떻게 견뎌야 할지
나는 두렵다.

오직
고통이 없기를 비는 마음 외엔
더 이상
어머니를 위한 기도를 할 수 없다.

생명의 외 줄에 간신히 매달려서
줄을 놓아버리지 못하는
어머니에겐
어쩌면 그 에너지가
지상에서의 마지막 의미일는지
모른다.

1998년 9월 2일

꿈

정월 초하루 전날 밤
어머니가 꿈으로 왔다.
윤나는 검은 머리에
젊은 시절 세련된 모습으로 왔다.
어머니의 얼굴을 들여다보며
'어떻게 관 뚜껑을 열고 나왔을까?'
나는 꿈을 꾸며 궁금했다.
"조 씨가 열어주었단다."
어머니가 내 속을 들여다보듯 말했다.
조 씨는 좋은 이웃인데
심성이 착한 사람이니
그런 일까지 맡았나보다.

"엄마, 너무 보기 좋다."
"너도 같이 살 때보다 좋아 보인다."
우리는 기쁨에 차서 반갑게 재회했다.

어머니는 아주 작고, 청초하고,

활기차고, 자유로웠다.

꿈길에서 돌아서는 순간
난 혼잣말을 했다.
'아, 어머니가 환생했나 보다!'

1999년 2월 19일

어머니를 생각하면

홀로 어머니를 생각하면
자꾸 눈물이 난다.
사람들 속에서
어머니를 이야기할 때면
자연스럽게 웃곤 하는데
왜, 혼자 생각하면
눈물이 나는 걸까.
어머니는 그렇게
희생의 슬픈 존재일까
설명할 수 없는
사랑 그 자체일까
나는 생전의 어머니를
아끼고 사랑하지 못했지만
어머니는 지금
내 머릿속 한구석에
나를 절대적으로 사랑하는
존재로
내 몸에 전율을 일으킨다.

1999년 3월 9일

귀로

육지가 끝나는 곳에서
바다가 시작된다.

어촌에서 태어난 그는
어린 날 꿈을 좇아
육지로 갔다.
얼마만큼 실현되었을까 그 꿈,
앞만 보고 달려온 여정에서
그는 뒤돌아보며 말한다.
바다로 가고 싶다고.

바다를 향해 나아가면
거기 또 다른 심원의 바다가 열려 있어
그리로 가고 싶은 거다.

흔적을 남기고 싶은 마음 때문에
망설이고 있는 나와는
사뭇 다르다.

"물위에 이름을 던지고."
최선을 다한 날들에 대해
그는 미련을 두지 않고
파도를 타고 열린 바다로
돌아가고 싶은 거다.

1999년 5월 26일

비 오는 날에

날은 어둡고 온종일
비 오는 날에
라디오 음악에 맞춰
춤을 추며 물어 보네.
'나는 왜 나일까?'

갠 날에도 문득문득
스쳐 지나가는 의문이지만
어둡고 비 오는 날에
뜬금없이 궁금해지네.

"샤빼-구빼-토"
어린 날 어머니가 가르쳐준
발레의 기초
환상 속에 펼쳐지는
백조의 춤
어머니 춤추던 모습
아련히 떠오르네.

라디오 음악이 끝나고
춤 동작도 멈추고
해답 없는 의문도 사라져가네.

하염없이 비는 내리고
먼저 가버린 가족의 얼굴들이
땅 속으로 젖어드네.
그들의 오랜 침묵이
빗속에 무겁게 깔리며
'인연을 기억하라' 하네.

1999년 9월 20일

풍악호를 타고 금강산에 가다

어머니가 젊은 날
다녀갔던 곳, 명사십리 하얀 모래밭은
어디쯤일까.
만물상 정상 망양대에서
동해를 바라보고 섰다.
모래밭과 바다가 만난 자리에
선명하게 그은 해안선 밖으로
바다는 안개에 싸여 뿌옇게
하늘과 닿아 있는데
어머니가 밟고 간 모래사장은 알 수 없네.

북녘 땅 정주에서
밀려 내려와 반 세기나 밟지 못했던
고향 땅, 다시는 돌아가지 못할 것이란
생각은 아버지에게서 끝났네.

몸을 가눌 수 없이 몰아치는
바람은 어디에서 불어와서

계곡을 흔들어 놓는가.
발을 헛딛지 않으려고
가파른 돌계단만 살피느라
금강산 풍경을 놓쳐버리네.

양지바른 기슭에 잠시 기대
간식 배낭을 뒤적여
목을 축이려 오이 한 개 찾아
뚝 잘라 제이와 함께 나누다가
무심코 고개를 드니
아, 이런!
영화음악이 절정으로 울릴 때
돌연 화면을 채우는
어떤 배경처럼
거대한 바위가 정면에
우뚝 솟았다.
하늘을 향해 높이 선 장중한 돌기둥
그늘을 드리우고 꼼작 않고 서 있는
강건한 바위, 돌이 저처럼
감동을 줄 수 있는 줄은
알지 못했네.

해가 기울고 바다가 어두워지는 무렵
풍악호가 돌아갈 차비를 하네.
푸른 물결은 흔들리고

"시간은 그대 푸른 이마에 주름을 새기지 못하네.
 창조의 새벽이 보았던 그대로, 그대 지금도 구르고
있네.*"

1999년 10월 17일

---

* 'Time writes no wrinkle on thine azure brow
   Such as creation's dawn beheld, thou rollest now."
   George G. L. Byron, Childe Harold's Pilgrimage, canto
   IV, st. 182.

관훈클럽 초청으로 금강산답사와 선상 세미나에서 기
조강연을 한 제이를 동행했다.

하얀 풍경

50년 만에 다시 보는 북녘 고향
산하는 눈에 덮여
온통 하얗다.

멀리 들길 위로
점점이 걸어가는 사람들
풍경화 속에 그려진 인물들처럼
말을 걸 수 없다.

산과 들과 강과
그곳에 살고 있는 내 친척들
모두가 내게는
침묵의 하얀 풍경이다.

1999년 12월 18일

50년 만에 처음으로 다시 보는 북녘 땅, 평양 순안 공항은 흰 눈에 덮여 있었다.

평양에서 온 꽃다발

자정을 넘어
새벽에 그는 왔네.
한 손에 꽃다발을 들고.

달리아, 백일홍, 맨드라미……,
그 옛날 어릴 적 우리 눈에 익은
정다운 꽃들이
투명 종이에 싸여
웃고 있네.

순안공항에서
어린 소녀가
그의 가슴에 안겨준 꽃들이
지금 내 가슴 안에 피어 있고

북녘 유년의 고향에
기억나지 않는 친구들
얼굴을 보듯

꽃들을 보네.

자강도 북쪽
어느 이름 모르는 곳에
기차 타고 갔다 온
긴, 긴- 이야기
모두 꽃 속에
묻히네.

3박 4일 하루도
편하지 못했던 잠이
그의 눈에 밀려오는데
평양에서 온 꽃들이
말 하네.
"임무완수"라고.

2000년 10월 5일

제2차 남북장관급회담을 평양에서 하는 동안, 갑자기 수석대표 제이가 사라졌다고 보도되었다. 김정일 위원장을 만나서 담판을 하기위한 '007' 작전이었다. 태풍 '프라피룬'이 한반도를 강타해서 비바람 속을 뚫고 8시간이나 야간열차를 타고 가야 했다. 마침내 자강도 모처에서 김 위원장을 면담하고 돌아온 제이는 순안공

항을 떠날 때 어린 소녀로부터 받은 꽃다발을 집에까지 고이 가지고 와서 내게 안겼다. 나는 그 꽃들을 화병에 담아 오랫동안 살렸고, 그 중 아주 작은 맨드라미 송이들은 여태 고운 모습을 그대로 유지하고 있다. 2차 회담은 날짜를 연기하면서 9월 1일 끝났고 제이는 9월 2일 새벽에 서울에 도착했다. 그 면담과 회담 덕분에 경의선 연결과 개성공단 조성을 위한 남북국방장관 회담이 처음으로 제주도에서 열리게 되었다. 그리고 주말 모임을 여신 김 대통령께서는 모처럼 환하게 웃으시며 제이를 치하해 주셨다고 한다. 근래에 그렇게 기뻐하시는 모습을 처음 뵙는 것 같다며 제이도 사뭇 상기되었다.

창밖 설경

창문을 열고
하얀 정원과 마주 섰네.

땅위에 엄청나게 쌓인 눈
나뭇가지들은 눈을 받다
무거워 휘어져 있네.

눈 위로 쏟아지는
밝은 햇살에
눈 시리네.

이따금 이는 바람에
가지 위 눈 털려
흩날리며 빛나네.

너, 눈부신 설경도
곧 사라지겠지.
바라보는 내가 없으면

그냥 소멸하고 마는 것,

넌 아니?
여기 내가 있기에
네 아름다움이 있는 것을.

2001년 2월 16일

어제(2월 15일) 서울에 32년 만에 폭설이 내렸다(적설량 23cm). 다음 날 아침 창문을 열고 바라본 정원은 눈부시게 아름다웠다. 그런데 창창하게 내려쬐는 햇살에 눈은 서서히 녹아내리고 있었다. 이층집 베란다에서 낙숫물은 쉬지 않고 떨어지고. 가끔 가지 위로 부는 바람에 눈은 흩날리며 사라져갔다. 종일 눈 내리던 회색 빛 어제와 눈 시리게 밝은 햇살 비추는 오늘이 얼마나 다른지. '변화'도 아름답다.

복숭아씨

연길 아줌마가
뒷베란다 바구니에
복숭아씨를 모아
저무는 햇살에
말리고 있다.

복숭아씨로 무얼 하려는 거지?
무슨 약에 쓰려는 걸까?
궁금증을 눌러두었다가
오늘에야 물었다.

연변에 가지고가서
심어볼까 한단다.
혹시 여기 같은
꿀 복숭아가 열릴까 해서.

그랬구나, 아줌마 마음은
날마다

복숭아씨를 가지고
연길 고향으로 가고 있구나.

2003년 8월 24일

시

시를 쓰고 싶은데
시가 되지 않아서
안도현의 시집을 폈지요.

파란 줄 빨간 줄
아들이 미리 쳐 놓은 밑줄들
지금은 강원도 산골에서
복무중인 육군 중위
아들이 시집에 흔적을 남겼네요.

그 애가 시에 표시한 줄을 건너서
나는 새로운 곳에 노란 형광 줄을 칩니다.

좋아하는 시 구절은 달라도
시집에서 아들을 만나는 순간
가슴 벅차 오르네요.

2003년 9월 5일

기표의 백일에

기표가 세상에 온 지
100일 되는 날
며느리가 말했지.
기표 눈동자에
할머니 눈 색깔이 물들었다고.

"그럴 리가
기표 눈은 네 눈인 걸."
"아니에요,
저는 검은 눈동자
어머니는 갈색 눈동자예요.
기표 눈엔 오빠보다
어머니 갈색 눈이 보여요."

"그래? 기표 눈에
내 눈의 색깔이 전해져
빛난다면
내 생애 큰 영광이네."

기표에게서
제 가족들의 모습을 보는 건
생명의 문양으로 이어지는
가족의 경이로운 기쁨이네.

2003년 10월 9일

기표 100일은 남산맨션아파트에서 가족이 모여 축하했다. 기표 얼굴에서 할아버지, 아들, 며느리, 가족 모두의 모습을 보는 건 참으로 즐거운 발견이다.

갱년기

시력은 점점 어두워지네.
읽고 써야 하는데
눈을 뜨고 있기가
힘겹고 무겁고 아프네.
올 겨울 몸은
예고 없는 열기에
온몸이 식은땀에 젖고
그러다 순식간 오한에 떠는
변덕쟁이가 되었네.

정오가 지나면
팔 다리가 느슨해져서
눈가엔 졸음이 끼고
생각이 행동을 접고
낮잠으로 기우네.

갑신년 갑년에
이런 징조들이 보이는 건

갱년기를 늦게 맞은 것이라는데
기력이 쇠퇴하는 것은
자연의 법칙이라 해도
한 절기를 지나면서
힘이 다 빠지는 일 참 난감하네.

세월을 육체로 느끼지 않고
정신으로 지탱해야 하는 거라고
들어왔지만
육체가 휘청거리네.
정신은 어디 갔나.
순간순간 "아차" 하고
기회를 놓쳐버리네.

2004년 1월 3일

맑게 갠 날 바다를 바라보며

하늘에 구름 한 점 없네.
바다와 맞닿은 수평선까지 선명한
기막히게 좋은 날씨
광활한 쪽빛 바다를 바라보며 섰네.

오륙도五六島가 분명한 여섯으로 뜨고
바다는 정지한 거대한 호수
움직임 없네.

여기저기 떠 있는 크고 작은 배들도
그려놓은 바다 위에 그려놓은 배들처럼*
흔들림 없네.

이렇게 좋은 날에
이렇게 좋은 바다를 보고
말문이 막힌
사람처럼 마냥 서 있네.

아마도 나의 일생은
우두커니 서서 바라만 보았던 것 같네.
가슴속에서 정지한 바다가
다시 움직이길 기다리며.

2004년 4월 25일

---

* S. T. Coleridge의 "노 수부의 노래"에서.

줄넘기

줄넘기를 하다
잔디밭에 내려앉은 까치 두 마리를 본다.

여름에 핀 풀꽃 사이를
가벼이 사뿐사뿐 뛰어다닌다.

어제는 보지 못했는데
저 노랑 꽃들은 언제 피어났을까?
노랑 꽃 건너 하얀 꽃들이
끼리끼리 즐겁다.
까치가 날자
꽃들이 까치발을 하면서
잎을 바르르 떤다.

백하나, 백둘, 세며 넘던
줄넘기 줄이 발에 걸렸다.

아뿔싸, 까치와 풀꽃 때문에

줄넘기 숫자를 못 채우고 말았다.

2004년 6월 10일

별

밤길 걸을 땐
하늘을 좀 봐.

아, 별- 별들-

"흩어진 섬들이
빛을 쏟고 있네."

2004년 6월 21일

1976년 가을에 떠나간 준을 생각하며 80년에 출간했던 『깨진달』을 구석구석 다시 읽었다. "부모가 죽으면 흙에 묻고 자식이 죽으면 가슴에 묻는다"는 격언을 새기면서, '그래도 세월은 그때의 아픔을 많이도 씻어갔구나'라고 스스로에게 말한다. 서울에선 별이 총총한 밤하늘을 잘 볼 수 없지만, 가끔 찾아가는 청평 호수가 밤하늘에는 별들이 뜬다. 굳이 별을 보지 못해도 가슴에 뜨는 별은 찬란한 빛을 쏟는다.

브루나이에서

브루나이의 바다에서
청옥 색깔의 바다를 보네.

거대한 바다 앞에 설 때마다
나는 항상 마음보다 작은 바다를 보았지만
브루나이의 바다는
내 눈으로 다 빨려드는 듯하네.

저 바다를 건너가면
또 어떤 바다를 만날 수 있나.
나는 이제까지 내가 본
바다보다 더 광대한 바다를
보고 싶네.

흐리다 비 오다, 맑아지는 열대기후
비 온 후 더욱 청명한 오후
머리에 스카프를 갈매기처럼 두른
브루나이 여인들이

바닷가를 거닐고 있네.

2004년 6월 29일

수상도시

배를 타고 브루나이 수상도시에
가 보았네.

"아시아의 베니스?"라고 묻자
단호하게 "노!" 하는
닷도 세리 아마드 장관.
"그래도 꼭 보아야할 곳"이라
힘주어 말하는 이국의 도시.

틈새가 넓은 목판 사이로
발이 쑥 빠질 것만 같은데,
건너편 다리 위로 웃으며 달리는
흰 세일러 교복의 학동들.

목침 기둥이 떠받치고 있는
수많은 물위의 집들
창가에는 남방의 꽃들이
곱게 피어 있네.

2004년 7월 11일

샤갈 전시회에서

파란 가을 하늘을 보며
샤갈의 그림을 생각한다.

그의 하늘을 떠다니는 착한
인물을 하나씩 그려본다.

샤갈이 가장 좋아했던 것들.

연인들, 염소, 수탉, 나귀,
물고기 그리고 꽃들.

꽃 중에도 장미가 더욱
좋았나보다.

나도 샤갈의 하늘에
장미 꽃다발을 한아름
바치고 싶다.

2004년 10월 12일

인연

바다를 바라보는
가라쓰[唐津] 온천장에
몸을 담그던 날
평생 처음 남의 손을 빌려
때밀이를 했네.

10년 전 후쿠오카[福岡]로
시집왔다는
교포 중년 여인이
열심히 내 몸 구석구석을
밀어주었네.

유년의 한 10년을
어머니가 때를
밀어주었고
나머지 50년을
한 번도 남의 손을 빌려
때를 민 적이 없었는데.

비닐 침대 위에 누운
나와 그 여인 사이에 있는
이 인연에 대해
곰곰이 생각해보네.

줄곧 잘해 주고 싶다는
땀 맺힌 여인의 얼굴이
가라쓰에 남아있는 옛 조선의 도자기
그 오랜 세월에 핀 꽃처럼
어여뻤네.

> 2004년 12월 4일

후쿠오카에 도착해서부터 비가 내리고, 빗길을 한 시간 넘게 달려 가라쓰 온천장에 도착했다. 빗속으로 어둠이 내린 밤바다를 보며 푸른빛에 젖어 온천장 물속으로 들어갔다. 뼈에 가죽만 걸린 노인이 곁에서 힘겹게 움직이고 있었다. 금방 무덤에서 일어선 해골 모양의 인간-노인의 힘겨운 움직임은 느린 비디오를 보는 것 같았다. 조금 있다가 두 다리가 중간 부분에서 붙어버린 앉은뱅이 소녀가 엉덩이로 바닥을 밀며 욕탕으로 들어왔다. 반소매와 반바지를 입은 잘생긴 여인이 욕탕 주위에 바가지로 물을 끼얹고 다니다가 나의 이름을 불렀다. 한쪽 구석에 커튼을 친 침대로 안내되었다.

한국말을 하는 여인이라 반가웠다. 그로부터 30분 간 난생 처음 때밀이를 받아보았다. 다른 나라에 와서 동포에게서 받은 처음 '서비스,' 나의 인생과 그녀의 인생의 어떤 관계를 생각하게 했다. 함께 목욕을 하게 된 해골처럼 마른 노인과 앉은뱅이 소녀, 그리고 나 세 사람은 아마도 물이 치유하는 힘을 유사한 마음으로 생각해 보았는지 모른다.

해금강海金剛에서

1.
바다 위에 떠 있는
미니어처의 금강산을 보았네.

금강석 같은 바위들 사이로
수병들이 고깃배를 띄우고
낚시를 하고 있었네.

파도에 출렁이는
고깃배 옆 바위 하나가
내게로 다가와서
춤을 추었네.

흔들리는 물결 따라
파도 위에서 춤추는 바위
내 마음이 따라 뛰었네.

바다는 거대한 무도장

플로어는 푸르고 푸르렀네.

2.

바다와 바위를 배경으로
사진을 찍으려 할 때
갈매기 한 마리가
바위 머리에 앉았네.

새는 바다를 바라보며
무슨 생각을 하는 걸까.
새도 생각을 하는 걸까.

문득 어머니가
그 옛날 소풍 왔던 곳
금강산 어디쯤일까
보고 싶어졌네.

이승과 저승의 문이
분단의 문처럼 조금씩 열려
어머니, 이곳 해금강가에
서있는 나를 보고 있을까.

바다를 바라보는
새도 어머니도
아득해졌네.

2005년 1월 20일

새해가 열리고 1월 14일부터 16일까지 금강산에 다녀왔다. 제이와 함께 1999년 10월 관훈클럽 초청으로 풍악호를 타고 바다로 금강산을 방문했던 이래 우리는 승용차를 타고 육로로 3·8선을 지나 남북 CIQ를 통과했다. 우리 승용차가 선두에 서고 우리 뒤를 현대의 하얀 버스들 26대가 불을 켜고 일렬종대로 서서 그린 철책을 따라 이동하는 장면은 마치 사막의 카라반 대이동을 연상하게 하는 장관이었다.

해금강은 지난번에 보지 못해서 처음으로 보는 절경이었다. '해금강'이란 바다 위에 띄어놓은 미니어처 금강산 같은 바위섬들–누군가가 설치해 놓은 듯 예술작품처럼 멋진 자태를 드러내고 있는 곳이다. 동행한 김 사장은 해금강에서 맞는 해돋이야말로 감동적인 일출이라 했다. 수평선과 구름 사이로 번쩍 떠오르는 태양의 출현은 사람의 심장에 극적인 충격을 주는 효과가 있다고 한다. 해돋이를 못 보았어도 좋다. 그냥 '금강석' 바위들이 바다 위에 떠 있는 그 모습만을 보는 것도 더할 수 없는 감동이었다.

내가 제이의 사진을 찍으려는 찰라 그의 등 뒤로 보이

는 바위섬 하나가 파도에 흔들림을 보았다. 착시였을까? '파도가 출렁일 때 함께 출렁이는 바위' – '내 심안이 본 순간의 움직임'이라 해야 할 것 같다.

바위 위에 앉은 갈매기는 오랫동안 꼼짝 않고 바다를 바라보고 있었다. 바다를 응시하는 새의 모습에서 문득 어머니 모습이 보였다. 충청도에서 나서 평안도에서 나신 아버지를 동경유학에서 만나고 만주 용정으로 교편생활을 하러 동행했다가 정주 오산에서 나를 낳고, 6·25전쟁 중에 남하했다. 두 분은 '화해협력시대'에 문이 조금 열린 것도 보지 못하고 세상을 뜨셨다. 바다 풍경도, 새도, 아버지, 어머니도 아득히 멀어져 가는 느낌이었다.

진부령을 넘으며

1.
눈을 이고
비탈에 선 나무들
일제히 시간을 멈추고
직립해 있네.

바람 없어
미동도 없이
하얀 산비탈에
기대어
순간에서 영원으로
넘어가는
적막이여
백색의 찰나여.

2.
내 귀는
아무 소리

들리지 않는
절대 고독

내 눈앞에는
오직 설경
그 풍경 속에
정지해 있는
하얀
겨울 나무여.

                                            2005년 1월 22일

진부령 고개를 넘던 눈 풍경 스케치. 금강산에서 돌아오는 눈 덮인 길은 모두가 아름다웠다. 진부령 고개에 진입했을 때 만난 하얀 산 풍경과 눈꽃을 이고 있는 겨울 나무들은 한순간 내 귀를 적막으로 몰아갔다. 눈앞을 가로막은 설경은 순간이 정지한 영원을 생각하게 만들었다.

블루 하와이

바다 멀리 흰 파도 밀려오는 쪽으로
청년들이 서핑을 하러 가네.
하얀 요트 한가로이 순풍에 뜨고.

모래사장에서 일광욕을 하는 사람들
해안가 바다에서 수영하는 사람들
물끄러미 지켜보는 다이아몬드헤드 산처럼
나는 하염없이 바다만 바라보네.

파라솔 등의자에 기댄 내 몸 속을
빠르게 투과해가는 청록 빛깔 바다에
전신이 물들 것 같네.

2005년 2월 5일

 와이키키 해변에서 바다를 바라보고 앉으면 왼편 바다 쪽으로 돌출한 다이아몬드헤드 산이 이집트 스핑크스처럼 엄숙해 보인다. 자연의 시선이 인간 심정에 와 닿는 느낌으로 나는 바다를 바라보았다.

춘설春雪

눈이 내리고 있었네.

3월의 눈은
겨울을 보내는 예식일까
봄이 오는 예고일까.

눈은
잎 떨어진 아카시아 가지를
하얗게 덮고
가지 위에 걸린
까치둥지들을 솜덩이처럼
뭉쳐놓았네.

순백의 이 아침에
나는 겨울에게
조용히 작별을 고하네.　　　　　2005년 3월 2일

눈 내린 정원과 공원은 눈부시다. 춘삼월의 눈이어서 더욱 눈부시다. 햇빛에 곧 녹아버릴 설경이 시간의 흐름 앞에 막막하다.

타이거 우즈와의 경기

블레이크가 노래했던
"밤중 숲 속에서
환히 불타는 호랑이"
그 눈을 닮은 타이거 우즈가
2004년 11월 13일
제주 라온에 왔었네.

그 날 우리는
프로암Proam 경기에 동반하는
행운을 누렸네.

타이거는 제이를
"파트너"라 불렀고
제이는 나를
"내 아내"라
소개했네.
"만나서 기뻐요."
"제가 영광이지요."

"오늘 경기 참 잘했어요."
제이를 칭찬하던
타이거의 부드러운 음성을
생생하게 기억하네.

그날 제일 잘 친 공치기에서
타이거가 그린에 올린 공을
제이가 구멍에 넣어
이글을 완성시켰네.

친구가 훗날
내게 말했네,
"타이거 우즈와 재규어 파크"
"재규어 파크와 타이거 우즈"
섬광처럼 떠올린
이름풀이의 궁합에
즐거웠네.

어깨에 팔을 얹어
친근한 사진 포즈를 해준
타이거의 모습은
우리 집 TV 아래

사진 속에 웃고 있네.

그가 화면에 등장할 때마다
"타이거, 타이거
밤중 숲 속에서
환히 불타는"
타이거의 눈과
그날 하루의 인연을
추억하네.

2005년 3월 6일

2004년 11월 13일은 우리 생애에 즐거운 날 중의 하루였다. 제주 라온에 타이거 우즈가 와서 제이와 동반 경기를 한 날이었다. 더욱이 제이는 그날 'Best Ball' 치기에서 타이거가 그린에 공을 올린 후 "Eagle Putting"을 성공시켰다. 나도 끝 팀에서 젊은 여자 프로와 경기를 했다. 그런 특별한 날 단 한 줄의 기록도 일기에 남겨놓지 못했다. 즐거운 순간엔 기록을 남기는 걸 잊어버린다. 다행히 그날이 기억의 칩에 저장되어 있어 언제라도 '클릭'을 하면 떠오르게 된다.

후회

아버지 월급날에
어머니 손가방은
부지런히 이집 저집
찾아가 빚 갚고
외상값 물고
또 여기저기 꾸어주고
가방은 다시 비어져야
편안해지던 어머니.

어머니에게 돈은
꼭 필요한 사람에게
가야 한다는 믿음이 있었다.

매일 소주에 절은
경수 엄마가
사고 친 영감과 아들 때문에
허겁지겁 어머니를 찾아와
주정하듯 하소연하면

어머니는 꾸어서라도
해결해 주었다.

울타리 아랫집에서
어머니를 올려다보고
손을 내밀고
뒷집 사람이 집을 살 때도
어머니를 숨차게 불러댔다.

어머니에게 빚을
갚지 못한 이들은
어디론가 사라져
어머니를 잠시
속상하게 했지만
돈 때문에 어머니는
결코 병들지 않았다.

아버지는 그런 어머니를
탓하지 않았고
어머니를 신뢰했다.

다만 나 혼자

대책 없이 꾸어주고 빌려오던
어머니를 이해하지 못했다.

따뜻한 봄날
이제 내가 늙어서
어머니를
생각한다.

어머니의 인생이
절실했던 만큼 돈이
도움 절실한 사람들을 알았고
그렇게 그들의 인생을 존중했다.

어머니 생전에
깨닫지 못했던
내 편협함을
나는 후회한다.

2005년 4월 17일

아들의 연인

첫 만남
아들의 연인은
반짝 반짝
눈부신
보석이었다.

나의 질문에
열심히 대답할 때
검은 눈동자로
들여다보이는
투명한 마음
때때로
낮은 웃음소리
그리고
눈을 내리뜨면
양옆으로 눈 꼬리가
치켜 올라서는 선이
매력이었다.

가슴이 뛰었다.
아들의 애인인데
왜 내 마음이 떨렸는지
알 수 없다.

하늘이 보내준
아들의 짝으로
가슴에 새겼다.

같은 동네
가까이에
그 애가
숨어 있었다는 것이
깊은 인연처럼
느껴졌다.

2005년 10월 25일

32번가에서부터 59번가까지

1.
뉴욕 5번가를
우리 셋이서 걸었다.
내 왼편에는 남편이
오른편에는 아들이
걸어갔다.
나는 가운데서
둘의 팔짱을 끼었다
풀었다 하며
32번가에서부터
59번가까지
무려 27블럭을
기쁨에 차서 걸었다.

1월의 밤인데
아주 따듯했다.
트럼프 타워에 걸린
불 밝힌 크리스마스 트리가

높은 건물 위에서
빛나고 있었다.
감미로운 밤이
우리 곁을
지나가고 있었다.

2.

꼭 40년 전 제이를
이곳에서 만났고
그때 우리는
록펠러 센터 앞에서
첫 사진을 찍었었지.
이제 아들 JJ와 함께
다시 이 길을 걸어갈 수
있는 것, 아마
아들은 이 감동을
모를 거야.

지금 아들은 한 손에
뉴욕타임즈를 쥐고
다른 손으로 전자사전을
뒤져 단어 찾기에 바쁜

힘든 시절이니까.

3.
우리에게도 아주
어려운 시절이 있었다.
모든 것이 지나가듯
다 지나가서
이 좋은 순간을
보낼 수 있는 것.

JJ
고통의 시간은
모두 다
흘러간단다.
지나간 것을
잘 인내했다고
느껴지는 때가
온단다.

남북으로 확 트인
빌딩 숲 사이 길
5번가를

JJ, 네 아이들과 함께
걸어가는 날
오늘 이 밤을
기억해주렴.

2006년 1월 12일

현재

현재란 없어,
존재하지 않는 것이라고
나의 좋은 유대인 친구
나오미가 말했지.

시간은 흐르는 것이고
멈추지 않는 것이어서
그녀의 생각에는
과거와 미래가 있을 뿐
논리적으로
현재란 있을 수 없는
시간이라 했지.

그럼에도 나의 현재는
요즈음, 오늘, 지금 같은
말들로 존재하는 걸
그리고 나는 항시
현재의 삶이 좋은 걸

어제를 기억하면
고통이 떠오르고
내일은 알 수 없는 것
지금의 평안이
제일 좋은 걸.

나오미,
없는 현재를 좋아하는 건
없는 허상을 좋아하는 걸까.

그래도 내 앞에 있는 나오미, 당신
아니, 있었던 당신?
나오미의 시간으론
현재를 설명할 수 없구나.

2006년 2월 15일

아카시아 공원

5월이면 아낌없이 피네
아카시아 꽃
현관문을 열면 밀려오는
아카시아 향내.

걸어가며 몇 번이고
아쉬운 듯 뒤돌아보네
꽃을 보려고.

집으로 돌아올 때
보이는 꽃보다
집을 나서며
뒤돌아보는 꽃이
왜 더 좋은지
알 수 없어도.

2006년 5월 18일

우리 빌라 뒤편으로 공원이 있다. 공원의 동산이 사계

의 변화를 그려준다. 잎 떨어진 키 큰 아카시아 나무 위에 까치둥지 몇 개를 걸고 눈 덮인 겨울이 지나면, 새잎이 돋고 마침내 아카시아 꽃을 피우는 봄, 그리고 꽃이 지면 녹음 우거지는 여름, 또다시 스산한 바람 불면서 낙엽 쌓이는 가을을 보여준다. 공원은 높다란 아파트들 사이로 살벌한 도시를 그래도 숨 쉬게 해주는 자연이다. 5월의 아카시아 숲은 우리 빌라의 제일 좋은 풍경이다.

아들의 결혼식에서

두 아들들과 20여 년
전투한 엄마가
막내 결혼식에
남편과 나란히
정중하게 앉아 있네.

언제 우리 악동들이
훌쩍 자라
가인들과 짝을 지어
둥지를 틀게 되었나.

"해가 뜨고 해가 지고~"
그 노래가 가슴속에 흐르는데
아리따운 신부와 서 있는
아들을 바라보네.
더는 악동이 아닌
든든한 남편으로
며느리가 한평생을 기대고

살아가겠지.

하객으로 온 니나가 축하했네,
신랑은 젊음의 교만 없이
씩씩하고 겸손해 보이는
좋은 인상이라고.

한국 사람도 아닌
노르웨이 사람의 눈에
그렇게 비쳤다니
나도 행복하네.
20여 년 요동친
전투의 세월
다정한 엄마가
되어야 했는데
오늘부터 후회를 접고
좋은 시어머니가
되어야겠네.

2006년 6월 20일

내기에 지고

우리가 만난 지 40주년
제이와 나는
내기를 했다.
소렌스탐과 쥴리 잉스터의
매치 플레이에서
나는 소렌스탐에게
제이는 잉스터에게
걸었다.
잉스터의 승리로
내가 40주년 저녁을
사게 되었다.

언젠가
베를린에서 나는
내기에 진 적이 있다.
맑스와 엥겔스
동상 앞에서
나는 선 이가 맑스라 했고

제이는 앉은 이가 맑스라 했다.
그때도
내가 백 불을 잃었다.

저녁을 마치며
제이가 말했다
40년 만에 처음
얻어먹는 밥이라고.
아니 초콜릿 한 알도
받아본 적 없노라고.

정말 그랬던가
수십 년 밸런타인데이도
무심히 흘려보냈던가.

카드에 사인을 하며
나는 다짐했다
내기에 한 번 더
져야겠다고.

2006년 7월 12일

돌아오지 않을 시간들을 위해

1.
배를 모는 이와
수상스키를 타는 나 사이에
줄이 팽팽히 당겨졌을 때
나는 물위에 서고
한 오륙십미터쯤
끌려간 지점에서
한쪽 스키를 벗어 던지고
오른발 뒤쪽에 왼발을 끼워서
모노스키를 타는 것인데.

아뿔싸
웬일인지
왼발 끼우는 곳을
더듬다가 그만
평형을 잃고
물속으로 자맥질했네.

열 번에 한 번
저지르지 않는 실수를
뒤편 선착장 그늘에
제이와 동행한 부부를
갤러리로 앉혀두고
하필이면 곤두박질
수상 쇼를 하다니
하는 수 없지,
다시 시작해야지.

2.

수상스키는
배를 모는 이와
스키를 타는 이 사이에
긴장과 집중의 운동인 것을
한순간도 놓쳐서는 안 되지.

제이는 30년 세월을 넘게
청평호수 위를 달렸고
나는 그 절반의 세월만
호수 위를 떠 다녔네.

물위에 다시 떠서
이번에는 재빠른
외발스키로
물 찬 제비를 흉내 내듯
이쪽저쪽
미끄러져 나가보았네.

3.
물이 무섭다는
동행의 부인은
몇 년 전 폴란드 재직 시절
바르샤바 관저에서
우리를 맞아
뒤뜰에 천막을 치고
만찬을 차려줬는데,
관저 이층에서 정장을 하고
내려오는 나를
계단 밑에서
스웨터를 가슴에 안고
마냥 기다리고 있었네.

바깥 밤공기가 차다고

건네주던 털옷에
담긴 따뜻한 마음
잊지 못해 초대했는데
물이 무서워
한사코 호수에 발도
담그지 못하네.

허리가 아프다는 동행은
제이의 시원한
스키 쇼를 감탄하며
저녁 내내 수영만 하다가
떠나는 배에 실려
물을 바라보며
별안간 말했네.

"아니, 이 순간은 다시는
오지 않는 거잖아?"

우리는 부두에 서서
손 흔들고
그들은 멀어지는 배 위에서
손 흔드네.

다시는 돌아오지 않을
이 순간을 위해서.

2006년 8월 3일

홍콩해海를 바라보며

르네상스 하버 뷰 호텔
창 밖 풍경을 바라보며
아침 체조를 한다.

흔들리는 바다 물결 위로
날아오르는 새가
문득 내게 질문을 던진다.
홍콩 해 어디쯤에
존귀한 지도자의 재가 뿌려졌는지.

글쎄, 어디쯤일까?

연락선 역사 앞 바다
멀리 떠 있는 선박들이
지키고 있는 위치가
구도상 절묘하다.

건너편 주롱[九龍] 사이드

건물들이 아침 안개 속에
뿌옇다가 햇빛 속에
점점 선명해진다.

모두가 깨어나는 아침
정지한 것들이 이동을 시작하면
창 밖 풍경은 달라지겠지.

누구든 변화를 이길 수 없으리.　　　2006년 12월 18일

11월 29일 4박 5일 일정으로 하노이를 거쳐 12월 4일 3박 4일로 홍콩에 들렀다. 지금 막 발전 단계에 오른 하노이에 비하면 홍콩은 '찬란한 도시'이다. 그동안 하노이에서 불편했던 것들이 일시에 해소되었다. 이상기온의 '추위, 먼지, 더운물, 자유로운 산책' 등이 하노이 근교에서 불편사항들이었는데, 홍콩에서는 모두 편리했다. 중국은 홍콩을 되돌려받은 것이 행운이고, 이만큼 발전시킨 영국도 큰일을 한 셈이란 생각이 든다. 제이와 나는 호텔 앞에서 떠나는 페리를 타고 10여 분 만에 주룽 사이드에 가서 페닌술라, 샹그릴라 호텔, 침사추이[尖沙咀]까지 걸어가 보았다. 3년 전 방문했을 때와 크게 달라진 것은 없지만, 크리스마스 장식 등을 켜고 서 있는 건너편 홍콩사이드의 밤 풍경은 더할 수 없이 멋졌다. 인터콘 호텔 앞 하버 산책로를 걸어서 빛나는 홍콩의 밤을 기억하려고 즉석 사진기 앞에서 포즈를 취했다. 젊은 사진사들은 디지털 카메라와 컴퓨터 작업으로 근사한 사진을 뽑아냈다.

새 식구

센트럴 파크를
유리창에 그려놓은
전망 좋은 방에서
우리 네 식구가
점심 상 앞에 앉았네.

창가 테이블 중에서
멋진 풍경이
보이는 자리
하늘에 선을 그은
마천루들의 절묘한
스카이라인,
잎 떨어진 키 큰 나무 숲
아래에 고요히 고인 물-호수.

어젯밤 내린 비에
촉촉이 젖은 보도 위로
줄지어 지나가는

단장한 마차들의 행렬.

말들이 옆 눈을 가리고
거리를 지나가듯
시간도 세월도 그렇게
흘러서 가네.

눈 온 추운 겨울 날
제이와 나를 싣고
공원을 달렸던
옛 마차는 어디로 갔을까.
제이와 나의 시절이 가고
JJ와 며느리의
시간이 오네.

올해 8월
황금돼지의 해에
우리 집에 새 식구가
올 것이라네.
며느리 몸 속에서
무럭무럭 자라고 있는
우리 아기가 있어

제이와 나는 또
조부모가 되겠네.

세상은 자손으로
이어지는 오묘한 끈.

에덴을 떠난
이브가 산고를 겪고
새로운 세대를
생명의 무대에 세운
대물림이 가족을 만들었네.

큰 우주와 인류를
포함하는 종교를
알지 못해도
가족은 알 것 같은
마음으로
불러보고 싶네.
사랑하는 이들의
이름을.

2007년 1월 13일

뉴욕의 토요일

죽마고우
선이가 혼자서
두 시간 차를 몰아
나를 보러
뉴욕에 온다네.

40여 년 전부터
우리는 단짝 친구로
그림자처럼
붙어 다녔지.

둘이서 처음
시작한 우정은
그림을 그리는
주희가 오면서
셋이 되어
삼총사가 되었네.

어느 날인가
나는 새로운 친구
윤이를 만나
사총사를 만들었지.

우정이 아니었다면
그 시대를
우리가 무엇으로
기억할 수 있었을까.

아토스, 포로토스,
아라미스, 그리고
달타냥은
듀마가 그린
남성 세계의 우정이지만,

둘이 셋이 되고
셋이 넷이 되는
과정에서
시간과 세월의 묘약이
어린 여자였던 우리에게
굳건한 사총사의 이름을

가지게 했네.

뉴욕의 토요일 밤
선이가 꿈의 2세들을
불러 모았네.
한인 식당에
작은 방 하나 가득
구세대와 신세대가
만나 인연을 축하했네.

기억하리
오늘 밤을 기억하리
나 떠난 후에도
우리의 인연이

먼 훗날까지
후세들에게
이어지기를.

2007년 1월 13일

나이 든다는 것

쇼핑을 싫어하는
제이와 함께
처음으로
알라 모아나 쇼핑센터에
가 보았네.

메이시 백화점에서
시작해서
줄지어 서 있는
상점들 중간 지점에
니만 마커스가 있고
그 만큼 더 간 거리에는
시어즈.

주말을 즐기러 나온
사람들 속에
할 일 없는 노인네들도
무척 많았네.

다채로운 식당가 4층
일본 뷔페식당에 들어서는데
카운터 아가씨가
"시니어?"냐고 물었네.
식비를 감해줄 것이란
생각에 얼른
"예스!"라고 답했네.

음식을 배불리 먹고
식당을 나서면서
"시니어 대접을 받다니
좋은 건가 나쁜 건가"
라는 내 말에
"기분 나빠!"라고
제이가 응답하네.

우리 모습에
'노인'이라 박혀 있는
시선이 우리를
서글프게 하지만
식비를 깎아주는데

다음에도 또
가야 하겠네.

2007년 1월 19일

다시 보는 평양

1.
7년 만에 다시 보는 평양이여,
맑고 푸른 가을 하늘 아래
핵 위기와는 무관한 듯
지극히 평온한 시가를 바라보며
1999년 겨울 처음 방문을 떠올리네.

고려호텔 44층 스카이라운지에서
북측 참사가 내게 전해준 특별한 소식은
제이의 통일부 장관 입각
그날 남북은 함께 축배를 들었었네.

핵실험 후 10월은 아주
어려운 시절
용기가 필요할 것 같았네.

"어려운 때 부인과 함께
와주어서 정말 고맙습니다."

한결같이
우리에게 인사하네.

유럽 순방중이던
북측 고위관리도 급히 귀국해서
"내가 못 왔으면 후에 나를
얼마나 들볶았을지……."
제이에게 하는 농담이
친밀하고 듣기 좋았네.

윤이상 음악당에
문화상이 참관하여
제이가 일행을 소개하는데
한 장관을 "미국 통"
구 사장을 "유엔 통"이라 칭하니
윤 사장은 스스로
"금강산 통"이라 했네.

윤이상의 '융단' 연주 도중
돌연 정전이 되어 장내가
칠흑같이 깜깜한데 제이는
"이게 바로 인터미션, 휴식"

이라 하네. 웃음소리 흐르고
잠시 난해한 음악에서
긴장을 풀었네.

은발의 이수자 여사는
팔순의 고령에도 한 번
흐트러짐 없이 곳곳이
앉은 모습이 놀라웠네.

'지새지 말아다오 평양의 밤아'
선율이 서정적으로 흐르고
베토벤 5번 '운명'이 충격을 주는데
피날레 바이올린 협주곡
연주자는 줄이 끊겼어도
대단했노라고
민 선생이 칭송하네.

2.

북경 발 고려항공기에서
만났던 미국 ABC 뉴스 팀을
돌아오는 길에도 다시 만났네.
마가렛 애로 피디와 다이엔 쏘여 앵커가

제이에게 인터뷰를 요청했지만
평양의 통신 불편 때문에
시기를 놓쳐버렸네.

북경 공항에선 힐이 지나가다
우리 팀과 마주쳤고
세계가 평양을 주목하며
분주하게 돌아가고 있음을 보았네.

평양을 다시 보며
남북의 인연은 '신뢰' 라는
믿음이 생기네.
세상의 중대사에 예고 없이
끼어드는 힘이 기회이건
우연이건 신뢰를 쌓고
용기 있게 선택하여
실행하는 이에게
행운이 오는 걸 믿고 싶네.

2006년 10월 21일

산문으로 적어두었던 '평양일기'를 운문으로 정리해 보았다. 1999년 12월 민족통일 음악회를 위한 MBC 예술단을 따라서 자문위원으로 동행한 나의 첫 평양 방

문은 참으로 극적 경험이었다. 고려호텔에서 얼어붙은 시가를 내려다보았을 때 매서운 추위에 웅크리며 어디론가 서둘러 가는 인민들을 보며 나는 속으로 제이에게 무언가 할 수 있는 역할이 주어지기를 절실히 기도했었다. 그리고 12월 24일 오찬에 참석한 나와 MBC 단원과 북측 인사들 모두에게 서울의 뉴스로 제이의 입각을 발표하는 북측 참사의 말을 듣고 놀라고 감동했던 순간을 잊을 수 없다. 그들은 한결같이 그 소식을 기뻐하고 앞으로 좋은 관계를 기대한다며 축배를 들었다. 그로부터 7년 후 2006년 10월 윤이상 음악제에 평양을 다시 방문한 때는 북측의 미사일 발사와 핵실험으로 남북관계가 냉각되는 미묘한 시기였다. 제이와 나는 6·15 정상회담 이후 줄곧 좋은 시절에 방북했던 것과는 달리 어렵고 위기일 때 방문하는 것에 의미를 두고 평양방문을 감행했다.

희망에 대하여

1.

외할아버지와 중학생 손자 둘만이
살고 있는 6층 빌딩 옥탑 방에
적십자 위원들이 함께 올라가 보았네.
가파른 계단을 75세 노인이
어떻게 오르내릴까 하는 의문은
건강하게 미소 짓는 할아버지를
만나자 곧 풀려버렸네.
교통사고로 부모를 잃고
보험금을 가로채 달아난
삼촌 때문에 버려진 외손자가
세상 속에 홀로 설 때까지
함께 사는 것이 희망이라 했네.

2.

73세 할머니와 간질을 앓는
16세 친손녀는 반 지하 방에서
습기와 함께 살고 있었네.

어미는 아이를 버리고 떠났고 아비는
'큰집'에 갇힌 지 7년이 된다 했네.
할머니는 혼자 남겨질 손녀를
생각하면 하루에도 열두 번
세상을 함께 끝낼 유혹에 빠진다며
눈물 흘렸네.
우리를 만난 시간은
소녀가 발작에서 해방된
행복한 순간인 듯
"세상에서 누가 가장 좋지?"
라는 우리 질문에
주저없이 답했네.
"진 기 옥!"
할머니 이름을 부르고는
두 팔을 올려 하트를 그리고
"할머니 사랑해요."
크게 소리내어 말했네.

2007년 2월 27일

총통과의 만찬

1.
헤리티지 방문이 활짝 열리며
온화한 미소, 안경 너머로 유난히
강한 눈빛을 가진 진陳 총통
빠른 걸음으로 다가와
제이의 손을 잡았네.
카메라 플래시가 터지고
사진기자들이 한가득
두 사람을 둘러싸는데.

제이는 낮은 목소리로
총통의 손을 잡은 채
몇 번의 재회를 기억하며
기쁨을 나누었네.

두 사람이 정면의 두 의자에 앉아
대화가 시작된 지 얼마 후
사진기자들이 한꺼번에

방문을 밀고 나가고
접견실에는 어여쁜 여자
통역과 수행자 십여 명과
두 사람의 서기만 남았네.

총통은 말했네
"경남대와의 인연은
영원한 것이고
한 번 스승은
또한 영원한 스승"이라고.

제이는 답했네
총통이 시장이었던 시절부터
대화하며 이어온 세월을
소중하게 간직하고 있다고.

나를 돌아보며 제이는
영부인의 안부를
대신하라 했네.
나는 몇 해 전 총통 관저
만찬에서 만났던
휠체어에 의지한 영부인의

근황을 물어보았네.

지금은 병이 깊어서
움직이지 못하고
한국을 방문한다 해도
함께 가지 못할 것이라 했네.
총통의 음성이 가라앉으며
장내가 숙연해지는데
나는 쾌유를 기원한다 했네.

총통은 제이가
2000년 남북정상회담을 수행하며
동북아 안보에 기여한 일과
그 후로 내내 남북관계와
주변국들의 문제에
깊이 주력하고 있는 것을
잘 알고 있다고 했네.

2.
만찬이 끝날 무렵

제이는 총통에게
기념촬영을 부탁했네.

한 사람씩 총통과 함께
즐거운 저녁을 기억하도록
시간을 허락해달라고.

총통은 기꺼이
사진사를 불러들였고
사진 찍는 순서는
제이가 호명하는 대로
총통과 나란히
한 명씩 서서
그 순간을 기억하게
만들었네.

2007년 5월 2일

통증의 가르침

7월 12일, 하필이면
결혼기념일에
요통이 발생했다.

몇 년 전 수상스키를 하다가
다친 허리의 통증이
가끔 재발한다.

누웠다가 일어나는데
천년 걸리는 것 같고
앉았다 일어나는데
백년 걸리는 것 같은 통증.

혼자서
허리를 꺾어
두 팔을 아래로
천천히 아주 천천히
내려서

다리를 구부리지 않고
손바닥으로 바닥을 짚는
동작을 시작했다.

처음 허리를 굽힐 때
아픔은 참기 힘든
고통이지만
한 번 꺾이고 나면
반복은 쉬워진다.

시간이 지나면
허리를 굽히는 일은
다시 어려워지고
처음처럼 예리한
칼날에 베이는
극심한 아픔을 인내하고서야
허리는 다소 부드러워진다.

자연스럽게 걷다가도
전기 충격이 몸 속을 스친 듯
소스라친다. 꼼짝없이
한참을 정지한 채

견뎌야 한다.

무덥고 지루하고
우울한 여름날이
내게 참으라 한다.
고통도 쾌락도
세상 모든 것과 같이
다 지나가는 것이라고.

2007년 7월 30일

시연이 온 날

시연아, 어서 와!
삶이 경이로운 날이다
네가 우리한테 온 날은.

아빠의 싸이월드에서
네 모습을 처음 보았지.

며칠 안 된 아기가
까만 눈을 반짝 떴네.

어쩜, 내 시어머니,
네 증조할머니 얼굴을
쏙 빼닮았을까.

네 아빠는
'아버지의 이름으로'
'성실'과 '근면'을
싸이월드에

적어놓았네.

복 돼지띠라서
밥 걱정은 안 하고
살아도 될 거라 하면서도.

시연이 때문에
열심히 살아야 한다고
'무한책임'을
아빠는 다짐하고 있네.

2007년 8월 27일

시연이, 안녕!

시연이 안녕!
내 인사에
까만 눈동자로
뚫어져라 쳐다보다
잠시 잠깐 미소 짓네.

보드랍고 매끄러운
아기살을 내 품에
꼭 안아보았던
세월이 꿈같았는데
시연이가 다시
현실이 되어
나를 포옹하네.

만난 지 이틀 만에
뒤집기를 시작한
시연이
유모차 안에서

잠 잘 자고
집에 오면
눈뜨는 아기.

밖에서 어른들을
편하게 하고
밤에만 엄마를
밝히는 시연이.

아기 침대에서
혼자 자기
싫다고
한사코 우는데
따로 재워야 한다고
우기는 미운
할미가 되었네.

시연아 미안해
그래도 울지 말고
혼자 잘 자야 해
시연아.

2007년 12월 29일

레베카의 집

2007년의 마지막 날
아들과 며느리, 시연이
그리고 내가
작은 쿠바 식당
창가에 앉아
촛불을 밝히고
마지막 가는 해를
기꺼이 보내주었네.

시연이는 유모차 안에서
잠들고, 아들과 며느리는
내게 생소한 쿠바 음식을
소개했네.

또 한 해가
사라지는 것은
아쉬워도.

가족이 있어
단란한 밤이
레베카의 집에서
쉬어갔네.

2007년 12월 31일

딤섬 오찬

맬콤 스타치오는
우리와 사십 년 지기다.
나를 훼어레이 디킨스대학으로
데려갔던 사람
지금은 숀 코네리처럼
흰 수염을 기르고
55년 간을 FDU*에서
봉사했다.

그는 두부찌개를 제일
좋아하지만
부인 마리아가
딤섬을 더 좋아해서
우리 모두는
중국식 오찬을 즐겼다.

뉴저지 주의 포트리는
이제 한국타운이다.

한인들이 많이 살아서
거리 간판도 한글이다.

제이와 내가 유학했던
사십여 년 전
뉴저지 타운에는
겨우 몇 십 명 한인들이
살았었는데
고생했던
옛 세대의 자손이
자리 잡은 걸 보니
가슴 뿌듯해진다.

스무 가지가 넘는
딤섬 요리판이
우리 식탁을 지날 때마다
중국어를 잘하는
며느리가 선택해서
우리를 맛보게 한다.

옛날은 추억이지만
현실은 한 식탁에서

하나가 된다.

아들과 며느리,
손녀 샐리의 시대는
세계가 하나 되어 사는
글로벌 세상이 되기를.

2008년 1월 5일

---

* FDU: Fairleigh Dickinson University

밀튼 하우스에서

허드슨강 상류 숲가
나무집들이, 그 옛날
워싱턴 어빙 '스케치북'의
이야기와 마을의 전설을
생각나게 하는 곳

밀튼에서도
제일 높은 언덕 위
푸른 나무집에
죽마고우 선이가
살고 있었네.

나이를 먹어도
어린아이처럼 생각하는 딸
그 딸을 끔찍이
아끼는 아빠와
뒤늦게 신학공부를 하는
내 친구 선이가

한 이백 년 거슬러
올라간 세상에서
사는 것 같았네.

프레데리크 쇼팽
피아노곡이 흐르는
주일 아침에
그 집 여기저기를
구경하는 동안
딸애는 안절부절
가방을 메고
교회에 가야 한다고
엄마를 조르고 있었네.

일요일
밀튼 마을 교회엔
미국인과 한국인이 모이는데
젊은 한인 목사가
영어와 한국어로 번갈아
설교를 하였네.

예배가 끝날 무렵

목사의 소개로 나는
회중에게 인사하고
목사관에서 교인들과
함께 오찬을 했네.

문득 큰아들 민이가
포틀랜드 고교시절
일요일마다 얻어먹던
곰탕 덕분에
교인이 되었다던
생각이 나서
혼자 웃었네.

멀리 사는 이들을
일요일마다 모아
찬송하고 기도하는
밀튼 교구의 삶이
교회 유리창에 채색된
성화 속으로 겹치고
창으로 투과되는 빛이
내 마음 한가운데
들어와 빛났네.

2008년 1월 6일

옛날 사진

제이의 오랜 친구
엘리자베스가
아주 오래된 사진
한 장을 들고 왔다.

K여고 100주년 기념
2008년 달력의 3월 사진은
6 · 25 피난 시절
부산 판자 가교사 앞에서
학생들과 교사들이 찍은
단체사진이었다.

엘리자베스는
맨 앞줄에서 두 손
가지런히 무릎 위에 모은
내 어머니의 젊은 모습을
가리키면서, 자신의
선생님을 발견한

감동을 우리에게
전해주었다.

돋보기 안경 너머로
분명하게 잡히는
젊은 날의 어머니
아마 피난 시절
구제품일 것 같은
긴소매 셔츠와
플레어스커트와
목장화가 잘
어울리는 모습은
뜻밖에 새로이 발견한
어머니여서 놀랐다.

몇 사람 건너
긴 한복 차림으로 앉아 계신
작곡가 김순애 선생님
이젠 모두 고인이 되었다.
50년 세월이 휩쓸어 간
고운 사람들
그리움이

내 마음 베이듯 스친다.

2008년 1월 9일

우정

허드슨 강 너머
맨해튼 전경을 담아 띄운
배에 작은 식당이 있다.

강 회장댁이
두 아들, 두 며느리
딸과 함께
우리 네 식구를 초대했다.

젊은이들끼리 앉고
구세대들끼리 앉았다.

강 회장과 제이는
1960년대의 맨해튼을
꿰뚫고 있다.
강 회장댁 둘째의 말이
신물 나도록 들은 이야기란다.

그래도 정겨운

옛 일 속에

결코 저물지 않는

우정이 있다.

2008년 1월 10일

FDU의 날에

페어레이 디킨슨 대학
그곳에서 제이를 만났고
아들 JJ가 석사를 마쳤다.
FDU는 곧
우리 가정이 시작된 곳.

시연이의 손을 잡은
아담스 총장은
"아기는 미래"라고
거듭 말한다.
마이클 아담스는
인간을 믿는 휴머니스트다.

핵캔삭 이태리 식당에
다섯 가족이 모였다.
아담스네, 스타치오네,
벌킨스네, 제이와 나,
JJ, 경진이,

우리의 미래인 시연이는
유모차 안에 잠들어 있다가
디저트 시간에
살며시 깨어났다.

오늘을 기억하려고
사진을 찍는데
시연이가 낯선 이들을
돌아보며 짧은 순간이지만
미소로 인사한다.

마이클이 다시 한 번
"아기는 미래"라고
힘주어 말한다.

2008년 1월 11일

기념촬영

"아이들에게 먼저
사진 한 장 허락해 주시죠.
제 시아버지보다 더
기다린 반潘 총장님인데."

제이의 청으로
반 총장 내외와
아들과 며느리가
기념촬영을 하고 갔다.

친구가 며느리에게
반 총장이 좋은 이유를
물었다.

"우리 일생에
또 다시 한국인
유엔사무총장은
없지 않겠어요?"

며느리 눈이
별처럼 빛날 때
우리의 긍지를
짊어진 그 분을
다 함께 바라보았다.

              2008년 1월 12일

수잔

미국에서 만난
수잔은 우리와
40년 지기.

사업을 하며
세상 구석구석
찾아가면서
세계지도는 몰라도
길을 잃지 않는 그녀.

뉴저지에서 만났지만
뉴욕을 거쳐 LA에
정착하면서
혼자서 아이들을 키웠다.

수잔과 나는
꿈이 있었다.
시실리 포도밭 사이를

함께 걸어보는 날을
소망했다.

꼭 이루어지지
않아도 좋은 꿈이 있다.
로데오 거리를
걸으면서
기다리는 꿈이
더 좋을 수 있다.

2006년 1월 19일

하와이 사람들

햇빛이 창창해도
여우비 오는 하와이에서
구릿빛 얼굴로
사는 이들은
다 건강해 보이네.

바다 위로
해가 뜨고 지는
일상의 풍경이
매일 같이 아름다운
섬에서
만나는 사람들.
여든에도 나보다
빨리 걷고
힘세고, 왕성하네.

젊은 날 고생으로
오늘을 이룬 노부부들

온정을 다해
친구를 대접해주네.

하와이 노랫말처럼
자연과 사람이
어울리는 곳.
우리 다시 만날 때까지
알로하오에!

2008년 1월 23일

빅스 부인의 상像

2차 대전, 한국전,
월남전에서
전사한 이들이
함께 잠들어 있는 곳
펀치 볼
하와이 전몰장병묘지.

기념비 중심에
거대한 조각상은
남북전쟁 때
다섯 아들을 모두 잃은
빅스 부인이다.

링컨 대통령이
위문편지에서
"이 성소에 바친
소중한 희생이⋯⋯
긍지가 되었다."는

구절이 돌 위에
새겨져 있다.

빅스 부인이여
내 어떤 말이
자식을
다 잃어버린 고통에 대해
위로가 될 수 있을까.

가혹한 아픔을
용감한 자세로
버티고 서 있는 부인상은
전쟁 없는 세상을
기원하고 있다.

2008년 1월 25일

진주만眞珠灣

오랜 세월 여러 번
하와이를 거쳐 갔어도
처음 찾아간 진주만.

1941년 12월 7일
그 일요일 습격에
침몰당했던 애리조나호와
1945년 9월 2일
일왕이 항복했던
미주리호가 그대로
바다에 전시되어 있는 곳.

보고 가는 이들마다
가슴속에 메시지가 울리리라.
"진주만을 기억하라"고.

2008년 1월 25일

꿈속의 사자

1.
지나간 어느 날
꿈속에서
사자를 보았네.
화물 기차간에서
갈기 늘어진 사자는
성큼 내 뒤로 다가와
뒷발로 서며
앞발로 내 어깨를
주물렀네.

마치 첫 아이를 잃은
슬픔을 위로해주듯
부드럽게, 부드럽게
내 어깨를 눌렀네.
사자와 나는
화물칸에 실려서
어디론가 기차 타고

가고 있었네.

그리고 큰 아이가
내게로 왔네.

2.

해가 바뀌고
어느 날 꿈속에서
다른 사자를 만났네.
나무가 울창한
숲 속으로
사자는 달아나고
나는 뒤쫓아
달렸네.
꿈속에서 보는
사자들이
무섭지 않았네.

현실과 꿈 사이에
어떤 연관이 있는지는
알 수 없지만
작은 아이도

사자 꿈을 타고
내게로 왔네.

3.

큰 아이 생일에
우리는 설전을 벌였네.
그 애는 일찍 집을 떠나
미국, 러시아로
집시처럼 돌아서
특공대에서
군복무를 마쳤네.
종종 사자처럼 으르렁댔지만
이제 힘의 소진을 느끼네.

내 안에서 들리네,
'아이들에게 자유를 주라'는
어머니의 음성.

모자가 충돌하면
승자가 없는 싸움
이젠 그만하려네.

어머니가 어릴 적
내게 주었던 신뢰와 자유를
기억하고 또 기억하려 하네.

2008년 3월 4일

삼대

친구의 딸이
부활절 방학에
두 아이를 데리고
영국에서 어머니를 만나러
서울에 왔네.

친구의 손자와 손녀는
빛나는 푸른 눈을 가진
서양 동화 속 아이들 같네.

내 며느리와 내 손자가
먼 나라에서 온
그들을 만나러
모였네.

울음을 터트린
친구의 손자를
내 며느리 연주가

품에 안고 어르니
뚝 그치고
좋은 듯 방긋 웃네.

내 손자와 친구 손녀는
어우러져
서로 쫓고 쫓기는 놀이에
땀까지 흘리며 즐거워했네.

연주가 아이들을
붙잡아 앉히고
피노키오를
읽어주네.
어디선가 놀이방에 온
이방인 사내아이가
곁으로 다가와
귀 기울이네.

등 돌리고 앉은
그들 뒷모습을
친구와 나는
세상에서 가장

아름다운 순간으로
감상하네.

삼대가 이렇게
만나 하나가 되다니,
무심히 흘러간 세월이
다 사라져 버린 것만은
아니었네.

2008년 3월 27일

이름

시연아! 시연아! 시연아!
기표야!
손녀의 이름을 세 번 불러보고
손자의 이름을 한 번 불러보니

시연은 예쁘고 여운이 남고
기표는 강하고 인상적이네.

너희 이름을 짓는데
우리는 부르기 쉽고
기억하기 좋은 것을 고르느라
한참이나 애를 썼지.

평생토록 너희를 불러줄,
사람들이 듣기 좋고
부르기 좋은 이름이란
존재의 상징처럼
일생을 함께 하고도

길이 남을 수 있는 것.

너희들 이름이 우리에게
얼마나 소중한 의미인지
부르고 또 불러주고 싶네.

기표야!
시연아! 시연아!

2008년 10월 4일

거울 속 바다

거울을 마주하고
마음에 들지 않는
얼굴을 들여다보는 순간.

그 얼굴 뒤로
배경을 이룬
바다를 보았다.

멀리 수평선으로부터
푸른 바다가 펼쳐지고
모래사장 가까이로
쉼 없이 밀려드는
하얀 파도들.

부서지고 밀려오는
끊임없는 파도에 끌려
마음에 안 드는 얼굴
구석구석을 애써

고쳐 그리는 작업을
멈춘다.

거울 속에 들어온
바다만 보면
얼굴은 보이지 않는다.

2009년 1월 22일

아침 청소

추기경님 가신
다음날 아침
이해인 수녀의
추모시를
읽고 나서
걸레를 빨아
마루를 훔치네.

나는 걸레질을 하고
예프게니 키신은
쇼팽을 연주하고
물소리 같은 피아노 따라
햇빛 쏟아져 들어오는
거실을 닦네.

키신의 손가락은
무서운 속도로
건반을 두드리고

나는 무릎을 깔고
나무의 결을 따라
걸레와 함께
미끄러져 나가네.

마침내
청중이 일어나
박수갈채를 보내네.
나도 아픈 허리를
펴며 허리띠를
질끈 조이고
어렵게 무릎을 펴며
박수를 치네.

키신과 쇼팽에게
갈채를 보내며
나의 아침 청소도
마무리하려네.

평생을 가엾은 이들을 위해
기도하신 추기경님은
수녀 시인의 기원대로

"푸른 별"이 되시리.

키신과 쇼팽이 준
내 노동의 기쁨
자신을 갈고 닦아
다른 이들에게 위로를
주는 이들을
함께 칭송하고 싶은
아침.

2009년 2월 17일

잘 가요, 맬컴

1.
그렇게 빨리 갈 줄 몰랐네요, 맬컴
석 달이 남았다고 했을 때는 어쩌면
좀 더 버텨 주겠지 생각했는데.

지나간 날들이 다시 살아나네요.
처음 만났을 때 나는 고등학생이었죠.
워싱턴으로 유학 갈 길을 맬컴이
뉴욕으로 바꾸어 주었지요.
그때 그 선택이 아니었다면
나는 다른 삶을 살았을지 모르죠.
내게 제이를 만나는 행운을 준 당신은
우리 JJ에게도 기회를 주었죠.
맬컴 당신은 우리 가족의 친구이자
미국인 파파, 숀 코네리를 닮은
얼굴과 수염, 더 없이 좋은 이를
다시는 지상에서 볼 수 없게 된
잔인한 4월의 마지막 날.

오랜 세월 아픔을 용감하게 견딘 분,
심장 박동기를 가슴속에 넣었을 때도
교통사고로 숨진 경찰관의 간을
이식 받았을 때도
'600만 불의 사나이' 처럼
강건해 보였던 맬컴
우리에겐 언제나 "이보다 더 좋을
수 없다"고 고통을 감추던 사람.
어떻게 살아야 하는지를
어떻게 인내해야 하는지를 보여준 분.
영어가 어려운 내 아버지와도
자연스레 의사소통을 하던 이,
40년 넘은 우정의 세월이 이제
다 지나가네요. 당신이 우리를
사랑했듯이 우리가 당신의
마리아를 사랑할게요.
잘 가요, 맬컴.
장례식도 마다하고 한 줌 재로
날아가고자 했다니
그냥 보내드려야지요.
굿바이 맬컴.

2.

이제 당신이 없는 그곳은
우리에겐 허전한 나라,
미국에 가면 언제나 우리를
제일 먼저 반겨주었던 당신
그렇게 좋았던 매 순간을
왜 소중하게 느끼지 못했을까요.
모든 것이 사라져버린다는 것은
왜 뒤늦게 아는 걸까요.

'눈물을 금하는 고별사' *를 몇 번이나
외워도 외워도 자꾸 눈물이 흐르네요.
우리는 평생 사랑하던 사람들을 차례로
이별하는 연습을 하면서
생의 끝까지 가는 가 봅니다.
이제는 슬픔을 거둘게요.
잘 가요, 맬컴.

2009년 4월 30일

---

* 17세기 영국의 시인 존 던 John Donne의 시

최후의 만찬
— 밀라노에서 · 1

산타마리아 델르 그라치 수도원
길가에 세운 자동차 안에서
이태리의 마력에 빠져
귀향을 미루고
아직 공부를 하는
전직 대사께서
명화 브리핑을 하신다.

빈치 마을의 천재
레오나르도의 명작
'최후의 만찬' 앞에
우리는 섰다.

예수가 열두 제자들에게
배반을 예언하는 극적인 순간에
제자들은 셋씩 나뉘어
"누구일까" 수군거리는데
검은 얼굴의 유다 손에 쥔

은전 주머니에
시선이 멎는다.

암시의 벽화 맞은편엔
십자가에서 처형당한 예수,
그 마지막 날의 비극이
또 다른 화가를 통해
벽면 전체를 채우고 있다.

최후의 만찬과 십자가의 처형
사이에 서 있는 우리는
무엇에 압도당하고 있는가.

우리를 안내하는 대사는
2천 년을 지켜온 저들의 종교에
백 년도 못 되는 한 인간의
회의를 접고
경의를 표하기로
결심했다고 한다.

만찬과 십자가 사이에서
묵상하고 또 묵상해야 하리.

뉘우치고 또 뉘우쳐야 하리.

2009년 7월 25일

두오모 성당
— 밀라노에서 · 2

대성당 두오모를 보려고
나는 밀라노에 왔다.

햇빛 찬란한 7월의 아침
하얗게 빛나는 두오모
중앙 첨탑 위에 가장 높이 선
금빛 성모상은 눈부시다.

건물 안팎으로 세워진
수없이 많은 성인과
선지자들의 조각상들은
고딕양식의 자태로 빛난다.

엘리베이터를 타고
건물 외곽의 좁은
통로를 돌아
오르고 또 오르는
길목마다 서 있는

조각상들은
어떻게 이 높은 곳에
올려졌을까
경배하며
금탑 성모상 밑
지붕 위에 섰다.

'성모 마리아여
이제와 우리 죽을 때
우리를 위해 빌어주소서.'

미사에 가는 걸 미루는 나는
성모송을 잊을 때가 있다.

두오모 내부로 들어가
양초에 불을 밝혀
수많은 촛불성단에 끼웠다.

위대한 건축물 안에서
고요히 성스러워지며
저절로 기도에 잠긴다.

2009년 7월 26일

유로 열차
— 밀라노에서 몬테카를로까지

밀라노에서
몬테카를로행 열차에 올랐네.
다양한 인종들로 붐비는
번잡하고 퀴퀴한 밀라노역.

열차 유리 칸막이 안에
동승한 젊은 페루인 부부는
미국에 거주하면서
어린 남매를
외할머니 댁에 두고
유럽행 여름휴가를
즉흥적으로 감행했다네.

예순을 맞는 기품 있는
스페인 여인은
생일축하 가족여행중이고
국적 모를 말없이 싸늘한
또 한 여자는 독서에 파묻혔네.

지중해 물결이 차창을
스치는 풍경을 기대했지만
산, 터널, 다리만
달려가고 있네.

기다리는 바다는
언제나 볼 수 있을까
조바심하며
정거장을 세어보았네.
밀라노-파비아-보게라-
아르쿠아타-제노바 지나
아, 사보나 해변에서
마침내 푸른 바다를 보네.

냉정한 여인의 짐을
제이가 머리 위 짐칸에서 내려주고
여인은 비로소 "땡큐, 땡큐"를
반복하며 사라져가네.

빈자리가 나자 로마를 보고 오는
라틴계 부녀가 차지하고

알라씨오-디아노마리네-
임페리아 포르토 모리찌오
지중해 푸른 물결은 굽이치고
가요제로 유명한 산레모를 지나
보르디게라를 지나
기차는 벤티미글리아에서
오랫동안 머물렀네.

멘톤-몬테카를로
그 다음이 열차의 종착역
니스이지만 우리는
몬테카를로에서 내리네.

2009년 7월 27일

모나코 왕국
— 그레이스 켈리를 생각하며

바위 절벽에 세워진
왕국 모나코
지중해를 바라보며
찬란한 태양 아래
습기 없는 바람 불어
유쾌한 휴양지.

레이니에 공은 성당 안에
영원히 잠들어 있고
젊은 날의 그레이스 켈리를
생각한다.

오랫동안 영광
누리지 못했지만
아름다움은
"영원한 기쁨"으로 남는 것.

우리들 추억 속에

여전히 살아 있는 그들은
모나코의 왕과 왕비로
결코 늙지 않는다.

2009년 7월 28일

지중해에서의 수상스키
― 몬테카를로에서

지중해에서 스키를 타는 도전
젊은 날 니스에서 성공했고
몇 십 년 지나 제이는
몬테카를로에서 수상스키를 타네.

보트를 모는 젊은이는
반신반의하며
정말 스키를 타본 적이 있냐고
거듭, 거듭 확인하네.

그냥 보트나 운전하라며
제이는 출발 신호를 주고
투 스키로 물에 떠올라
한쪽 발을 벗고
모노스키로
지중해에 다시 섰네.

이국의 젊은이는

손가락으로 OK사인을 날리며
뱃머리에 앉은 나에게
신명나는 표정 감추지 못하네.

푸른 물결 지중해에서
펼치는 푸르고 푸른 자유
제이는 물의 날개를 펼치며
푸른 찰나를 가르네.

2009년 7월 29일

세나
― 모나코에서

사뿐사뿐 가볍게
우리 곁으로 다가오는
어여쁜 여자 아이가 있다.

"몇 살?"
손가락 세 개를 펼쳐 보인다.
"이름은?"
"세나"

꽃무늬 원피스
뒤로 맨 리본이 아이를
따라와 나풀나풀 춤춘다.

요정 같은 세나는
가까이 더 가까이
옷깃을 스칠 거리까지
내게 다가와 있다.

우리들 식탁
뒷자리에 앉은
젊은 부부의 딸, 세나.

우리는 아이를 보고만 있다.
아이를 마음대로 만질 수 없는
것은, 세나 부모 생각을
모르기 때문이다.

"어디 사니?"
"파리"
별 같은 눈동자
내 등 뒤를
조금씩, 조금씩 돌아
가방이 놓인 빈 의자에
엉덩이를 걸쳤다.

"과자 먹을래?"
호르르 날아가
엄마에게 묻는다.
"마미, 과자 먹어도 돼?"
"노, 그 애 많이 먹었어요."

엄마가 일어서 다가오고
나도 따라 섰다.
"영어를 잘 하네요."
"영어와 불어를 해요.
남편은 독일인,
저는 프랑스인이에요.
참, 중국어도 한답니다.
유모가 중국인이에요."

3살 나이에 세 나라 말을 하는
세나를 보며,
우리 손녀 시연을 생각한다.

세나가 용기를 내서
우리 옆자리를 차지하고
앉았는데, 우리는
일어나 떠나야 한다.
"아이 손잡아도 돼요?"
"물론이에요!"
안고 싶은 마음을 누르고
손을 내밀어 악수했다.

손을 잡았으나
어두워지는 세나의 얼굴
이제 겨우 친해지려는데
이별하는 게 싫은 거다.

"오르봐, 세나!"
불어로 인사한다.
다시 보자는 뜻으로
헤어짐을 아쉬워한다.

(우린 그냥 스치는
인연인가 봐.)

눈도 코도 입도
너무 예쁜 세나
어디서 또 너 같은
천사를 만날 수 있을까.
"세나, 안녕."

2009년 7월 29일

다시 보는 파리

니스에서 두 시간
비행기로 날아와
파리 시내를 돌아보네.

8년 만에 다시 보는
파리, 깨끗하고
산뜻해졌네.

몽마르트르 언덕에 올라
파리를 내려다보네.

거리의 화가들과
하얀 성당이
높이 서서 빛나는 곳,
붐비는 골목을
지나, 개선문으로 내려오네.

콩쿠르 광장까지 곧게 뻗은

시원한 거리 샹젤리제,
후께 카페에서
잠시 쉬어 가네.

명품가 몽테뉴 애비뉴를
돌아, 트로까데로에서
(아웅산 수지를 석방하라는
몇몇 시위대를 지나)
파리의 상징 에펠탑과
일직선으로 마주 서네.

밤이 오면 정시마다
전신에 꽃불을 켜고
별처럼 반짝거리는 에펠.

날씬하고 키 높은 에펠이
불꽃 스팽글을 달고
무도회의 여인처럼 서서
파리의 밤을 밝히네.

2009년 7월 30일

지베르니의 정원

모네가 연꽃을 그린
지베르니 정원
꽃들이 담장을 장식한
파리 교외 조용한 마을.

녹색의 풀과 각색 꽃 속에
파묻힌 오솔길을 따라
모네의 연못으로 가네.

수양버들 여전히 물가에
늘어져 있고, 물속에
연꽃 곱게 피어 있네.

모네의 명화를 생각하고
또 생각하며, 그의
집안으로 들어서네.

여섯 아이들을 데리고 온

둘째 부인은, 모네의
두 아이들과 함께
8명의 아이들을 여기서
길렀다고 하는데,

부엌에 나란히 걸려 있는
프라이팬들이 말해주네
모네가의 소란한 아침 풍경을.

아이들이 우르르 식탁으로
모이고 부인이
모네를 부르는 소리
들려올 듯하네.

모네의 아들이 헌납하여
공공의 유산이 된 곳
지베르니의 연못에 가면
모네의 수련이 맞이하네.

2009년 7월 31일

약속

1.
젊은 날 우리 세 친구는
철없는 약속을 했었네.
20년 후 8·15 광복절 날
에펠탑 앞에서
정오에 만나자고.

세월은 훌쩍 지나
약속의 곱절 세월이 흘러
이제야 두 친구만
파리에서 만나게 되었네.

오지 못한 친구는
미국에서 못다 쓴
신학박사 논문 때문에
속절없이 늙어가겠지만
그래도 언젠가
약속이 이루어지기를

바라고 있겠지.

2.

루브르 미술관을 돌며
친구와 만날 약속시간을 기다리네.

유리 피라미드 입구에서부터
새롭게 단장한 루브르는
옛날의 흔적을 찾기 힘드네.

모나리자 앞은 여전히
인산인해, 접근할 수 없고
인물을 길게 늘여 그린
엘 그레코 앞에
오래 서 있었네.

나폴레옹의 대관식 앞에서
카메라의 셔터를 누르고
알프스 산을 넘는
보나파르트 앞에 제이를 세우고
셔터를 눌렀네.

3.
뒤마고 카페에서
길가 좋은 자리를 잡고
친구를 기다렸네.

마침내 챙 넓은 모자를
쓰고, 친구가 오네.

그 옛날 거창한 약속을
떠올리며 서로 웃네.

만나지 못한 친구를
그리워하며
뒤마고에서 늦었지만
즐거운 점심식사로
약속의 절반을 지킨 셈이네.

2009년 7월 31일

도버해협을 지나며

파리 북 역에서
런던 행 유로스타에
제이와 마주 앉았다.

먼 옛날 처형당한
찰스 왕의 자손들이
프랑스로 망명하고
왕정복고 때 찰스 2세가
런던 입성을 위해
배타고 건넜던
영국 도버해협을
해저터널 열차를 타고
우리는 그때의 왕보다
편안하게 건넌다.

우리 머리 위는 땅
그 땅 위는 하늘 아닌 바다
그 바다 위가 하늘

긴장을 느끼기 전에
열차는 터널을 빠져나왔다.

승차 시간 두 시간 중
해저터널 통과는
불과 20여 분
열차는 다시 대지 위를
달리고 창밖의 풍경은
국경이 바뀌고 있었다.

2009년 8월 2일

템스 강가에서

40년 만에 다시 보는
템스 강변을 돌아
넬슨 제독이 높이 서 있는
트라팔가 광장에 가 보았네.

국립박물관 계단 밑을
가득 채운 군중 속에는
진과 셔츠 차림 청년들의
팝 콘서트로 소란했네.

템스 강가로 다시 내려와
검푸른 강물 위에 띄운 유람선
만선의 사람들 틈새에
내 몸을 끼웠네.

워털루다리를 지나고
(영화에서 보던 다리는 아니네)
사람들만 걸어 건너는

처음 보는 산뜻한 밀레니엄 다리,
그리고 런던 다리
타워 다리를 도네.

돌아오는 길에는
셰익스피어 글로브 극장
(어쩜 저렇게 작아 보일까)
테이트 현대 갤러리,
세인트 폴 교회당 둥근 지붕,
클레오파트라의 니들
(바늘 한번 크다)
공중을 맴도는 런던 아이
(어지럽겠네)
시간의 종을 울리는 빅벤
(친근한 아저씨 같아)
의사당 앞 웨스트민스터 다리에서
(옛날에도 여기서 사진을 찍었지)
마침내 배를 내리네.

시인의 '황무지'에선
'공허한 도시'라 불린 런던
변하지 않은 것은

흘러가는 템스강뿐이네.

2009년 8월 3일

록스톤 애비

여행에 나선 열이틀 만에
처음 비를 맞네.
밴버리에서 오는
닉 버틀러의 자동차를 타고
두 시간 반을 가야
록스톤에 도착한다네.

차창 밖으로 쏟아지는
비는 풍경을 흐리면서
40년 전 시간 속으로
데려가고 있네.

여름학기가 끝나고
몇 해가 흐른 뒤
날아왔던
리챠드의 편지.

"11월에 너는

내 눈앞에 돌아왔지
같은 모습으로 (영국의
하늘을 향해–단지 아름답고
뭔가 두려운 얼굴로) 그리고
꼭 같은 환각의 상태에서
'너는 달 속에 젖을 뿐
내 상상은 부서지네.'
때때로, 나는 아직
그 얼굴과 시간을 찾아보네.
마치 사랑하던 이들에게
감사하려고 성묘 가듯이."
금발의 건장한 청년
안경 너머로 선량한 눈빛을
보내던 리챠드의 편지는
기억 속에 잠기고
세월은 흘러갔네.

비는 거세게 내리네.
녹색 언덕
푸른 들판
풀밭을 지나는 양 떼들
빗속으로 지워지네.

700년의 역사를 지닌
록스톤 사원은 노스 가문의
오래된 저택, 지하에는
비국교도가 은밀히
기도하던 방이 있는 곳
옥스퍼드 트리니티대학이
소유하던 시절에는
왕들이 다녀갔고,
헨리 제임스
테디 루즈벨트가
방문했던 곳.

40년 전 나는 미국 FDU의
여름학교 록스톤에서
셰익스피어 수업을 받았네.

여전히 쇳소리 나는 사원의 문을
밀고 우리를 맞이하는 아만다
어둑한 복도에 붙여진
과거 학생들 사진을 찾아보네.
여름학교는 초기에 폐강되고

봄·가을 학기만 남아서
40년 전 사진은 어디에도 없었네.

흔적 없어 서운한 채
교문 앞 아늑한 시골 호텔에서
지극히 영국적인 오찬을 했네.

아만다를 따라
록스톤 사원을 돌아보네.
고서가 벽면을 채운 도서실,
벽난로 양편에 갑옷을 입은
중세기사 조상들이 지키고 있는
중앙 홀,
스크린이 있는 현대식 강의실,
긴 나무 탁자 위에
식기들을 엎어 놓은 식당,
오락실과 헬스 센터를 지나서
좁은 층계를 오르면
학생들의 침실, 그런데
내가 머물던 방은
이젠 찾을 길 없네.

넓은 잔디밭 양쪽으로
키 높이 자란 나무들
숲처럼 서서
크고 넓었던 그 공간이
작아진 듯했지만
추억의 눈은
웅대했던 옛날을 보네.

사원의 문 앞에서 아만다는
내 어깨에 손을 걸고
제이는 쏟아지는 빗속에서
철컥, 셔터를 눌렀네.

2009년 8월 4일

빌리 엘리엇
— 빅토리아 팰리스 극장에서

소년 빌리는 광부의 아들,
궁정 발레학교 심사원이
질문한다.
"너는 왜 춤을 추니?"

"설명할 수 없어요.
나한텐 적당한 말이 없네요.
억제할 수 없는 느낌
내가 누군지 잊어버리고,
동시에 내 전부를 만드는
전율."

엘튼 존은 광부들의 리듬을
탭 댄스 곡에 담았다.
빌리와 광부들이 무대를
발로 구르는 탭 스텝은
관중의 가슴을 친다.

소년의 춤을 보고 있으면
장래에 마이클 잭슨이
또 태어난 듯하다.

                                                2009년 8월 5일

하이드 파크

노팅힐에 가서
거리를 헤매다가
다이애나 왕세자비
추모비가 있는
하이드 파크로 발길을 돌렸네.

써펜타인 강물 곁에
나지막한 샘터는
물길이 흐르는 곳
사람들이 발을 담그고
조용히 쉬는 곳
어떤 거석 기념비 없이
다이애나를 기억하게 하네.

리도 카페에서 한가로이
물위에 뜬 오리들을 바라보며
블루베리 차를 마셨네.

2009년 8월 6일

길 찾기

피커딜리까지 택시를 타고 가서
리전트로를 걸어간다.

느슨한 활처럼 구부러진 길을 따라
같은 높이로 가지런히 서 있는 건물들
이처럼 아름다운 길을 걸으려고
런던에 왔나보다.

건물 위에 콘드윗로 표시를 보고
왼쪽으로 돌아 버베리 상점까지
내려가면 명품이 즐비한 본드로다.

유리 안에 전시된 명품들을
박물관을 돌 듯이 구경하는 것이
즐겁다. 명품을 만드는 이들의
정성을 생각하며 세계 패션의
디자이너 이름을 기억한다.

지도를 들고
런던 거리를 걷고 싶었다.
길 이름을 익히며
지도 없이 길을 찾고 싶었다.

이제 지도를 보지 않고
어떤 골목으로 들어가도
트라팔가 광장까지 갈 수 있다.

광장 구석 높은 시위대에는
가면을 쓰고, 정지된 자전거
바퀴를 돌리는 사람이
혼자서 연기를 하고 있다.
무슨 비상한 생각을 하는지
알 수 없지만
나는 내 길을 찾아가고 있다.

2009년 8월 7일

터너의 풍경화

국립박물관
터너의 방.

풍랑을 그리기 위해
돛대에 몸을 매고
몇 시간을 버텼다는
어둡고 위태로운
폭풍.

기차와 비와 바람의 속도를
담은 화폭.

터너의 그림 앞에
오랫동안 서서
순식간에 사라지는 것과
영원히 사라지는 않는 것을
함께 본다.

2009년 8월 7일

홀인원

평생 한 번 일어날까
말까 한 일이
내게 일어났다.
후쿠오카 라이잔 클럽
7번 홀에서
비는 억수같이 내렸지만
내 손을 떠난 공은
멋진 포물선을 그리고
그린 깃대 근처에
가볍게 앉았다가
이내 모습을 감추었다.

캐디가 "하이다!
하이다!" 외쳤지만
난 알아듣지 못했다.

이 선생이 구멍 속에서
내 공을 건져 올리며

"홀인원!"을 확인했을 때
내게 행운이 온 걸
뒤늦게서야 알았다.

함께 경기한 세 사람에게
기념품을 사고,
캐디에게 선물하고,
제이는 축하저녁을 사며
귀국 후 기념패를
약속했다.

온종일 비 오는 날이어서
신발이 젖고 손이 젖어
빗물 범벅이 되었지만
머리를 들지 않고
천천히 스윙을 했다.
공의 거리는
비의 저항 때문에 줄어들었지만
방향은 흔들리지 않았다.

누가 내게 비만 오면
머리를 들지 않으니

수중 전에 강하다 했던가.

아, 후쿠오카
라이잔에서의 홀인원
그 행운은
골프 십여 년에
하이라이트가 되었네.

2009년 10월 2일

분쟁방지상賞 첫 시상식에서

파리 소르본 대학 강당에서
세계 유명 인사들을 한꺼번에
만나는 특별한 날.

제이가 40년을 바쳐 일한
남북관계 개선의 업적을 인정받아
시라크 재단에서 첫 번째
심사위원 특별상을 수상했네.

평화의 주역에게 주는
노벨평화상과 달리
분쟁지역의 배경에서
전쟁을 예방하기 위해
조용히 행동하는 이를
격려하는 것이
분쟁방지상이라 하네.

천 명을 수용하는

원형 강당
제이를 뒤따라 나도
대열과 함께 참석해
기립박수를 보내는
청중에게 목례하고 맨 앞
첫줄 좌석에 앉았네.

제이가 걸어온 길을
영상으로 소개하네.
고등학생 교복에 교모를 쓴
시골 소년의 꿈이
이루어지는 과정은
한국의 분쟁 역사와
교차하고 마침내
6·15 남북정상회담에 이르러
두 정상이 손을 맞잡는데
그 배경에서 실천하고
추진했던 제이의 모습을 보며
감회가 깊어졌네.

코피 아난이 제이를 불러
단상으로 오르게 하고

메달을 손에 쥐어주며
진정으로 축하했네.

제이는 단상에 서서
공들여 연습한
불어로 첫인사하고
영어로 답사했네.
끝맺는 말은 상에
보답하겠다는 결심을
다시 불어로 말했네.

상을 받은 제이는
단상에 앉고
시라크 전 대통령이
재단의 메시지를
설명하고 나서
프랑스의 지성
시몬느 베이유 여사가
나이지리아의 이맘*과
우예 목사를
시상했네.

종교분쟁이 첨예한
아프리카에서 용기로
화해하는 회교와
기독교 목사들의
여정도 영상으로
보여주었네.

"평화를 빕니다."
천주교 교도의 미사
인사가 마음속에서
흘러나왔네.

사르코지 대통령이
단상으로 입장하고
제이에게 악수하며 축하했네.

힘과 매력이 넘치는 연설로
청중의 기립박수를 받은
사르코지의 축사로
뜻 깊은 시상식은
막을 내렸네.

IMF로 잘 알려진 미셸 캉드쉬가
환히 반기며 우리를 포옹하네.
단상에는 수상자와 축하객이
기념촬영으로 붐비고
조 대사 부부와
이 회장 가족
베르사유 박물관장
대사관 사람들
모두 기자들 사진기 앞에
포즈하고 기쁨에 넘쳤네.

제이는 몰려온 소르본 대학생들과
기자들에 에워싸여 인터뷰 마이크마다
소감을 밝혔네.

아직 끝나지 않은
꿈을 따라 조국
통일로 가는 길에
힘을 쏟겠다고.

40년 걸어온 뒤
이제 몇 년이 허락되었는지

알 수 없지만
짧은 시간이 남았다 해도
제이는
꿈이 깔린 길 위를
힘차게 걸어갈 것이네.

2009년 11월 6일

---

* 이맘: '회교 지도자' 라는 말.

아이티의 비가悲歌

땅을 뒤엎은
아이티의 지진
무너진 건물 파편더미
아래서 피는 인간애
재난참사의 현장에서
CNN은 109세 눈이 먼
노파에게 인터뷰를 한다.

깊게 주름진 얼굴 위로
온순하게 퍼지는 미소
두 귀에 매달린 유난히 큰
귀걸이가 흔들리는데
기자는 정중하게
노인에게 묻는다.
이런 비극 앞에서
어떻게 미소질 수 있냐고.

"웃지 않으면

울어야 하니까." 노인의
대답이 가슴을 울린다.

2010년 1월 22일

브람스를 좋아하세요?

피아노 건반을 세게 더 세게
내려 누르는 손이 있다.

브람스의 피아노 콘체르토 1번을
연주하는 피아니스트 백건우.

마산 3·15 아트홀
한복 입고 칸에 가서
상을 탄 그의 아내와
객석 가운데 나란히 앉아
숨죽이고 있다.

제이와 40년 세월을 회상하며
반기는 노년의 여배우와
피아노의 거장 백건우의 브람스를 들으며
흘러간 프랑수와즈 사강의
소설과 영화를 떠올린다.

"브람스를 좋아하세요?"

마침내 열정의 연주를 끝내며
프랑크푸르트 방송 교향악단
지휘자 파보 예르비와 백건우는
힘찬 포옹을 하는데
그칠 줄 모르는 갈채.

음악이 연주자의 손을 떠나
관중의 가슴속에 남는 순간
우리는 무대 뒤에서 그들 부부와
기념촬영을 했다.
노년에도 아름다운 그들은
제이의 지난 시라크상 수상식에
놓쳐 버린 기회를 아쉬워하며
파리에서 재회를 기다린다고 했다.

세상 모두가 쇠락하여 소멸해도
"아름다운 것은 영원한 기쁨"이란
시인의 말처럼
평생 남편 연주에 그림자처럼
동행한 더 없이 좋은 인연에 대해

브람스 음악이 말해준다.

2010년 5월 28일

낙상

1.
청평 호수
선착장에서
물로 내려서는
철사다리에
양손을 짚고
몸을 띄워
다리로 그네를 타는
철봉 동작을 했다.

쿵! 하늘이
얼굴 위로 내려앉고
세상은 정지했다.
나는 오직 나의 의식에
절박하게 매달렸다.

뇌진탕? 마루 위에
뒷머리를 찍고

드러누운 몸.

어찌하나
이제 어찌하나
정신을 붙들고 있어
꽉 붙잡아.

2.

"병원에 가야지
이러고 있으면 어떡해?"

한동안
보지 못했던 큰아들이
거실 가운데
거대한 곰처럼 서서
엄마를 나무랬다.

시부모에게 서운한
며느리 편을 들어
부모를 멀리했던
아들이 걱정되어
달려왔는가보다.

3.

MRI
우주선을 닮은
촬영기계 속으로
몸은 미끄러져 들어가고
귀마개를 단단히
틀어막았지만
요란한 현대 음향이
머릿속을 때렸다.

뒤로 넘어지며
뒷머리를 바닥에
찧었는데
앞머리가 쑤시고
두 눈에 가해지는 압력은
전기고문기 안에
뇌가 박혀 있는 듯했다.

안과 병원
수선스런 검사를 거치고
눈까풀을 뒤집으며

"안과의 문제는 없음!"
명랑한 의사가
격려의 심판을 내려주었다.

MRI 판독은
미세한 출혈흔적.

'한번만 기회를
주세요. 다시는
어리석은 실수를
되풀이하지 않을게요.'
눈감고 진지하게
사고 이전으로
돌아가고 싶은
마음으로 빌고
또 빌었다.

마지막 판정 날
컴퓨터를 읽고 있는
의사가 엷은 미소를 띠며 말했다.
"괜찮아요.
아픈 건 점점 덜해질 거예요."

아들이 손잡고 말했다.
"아스피린을 먹어."
그래, 진통제
왜 그 생각을 못했지?

낙상의 위기를 넘기고
아들을 다시 만나고
저녁엔
"할머니, 조심하세요."
기표의 전화로
사고는 일단락되었다.

공연히
제이를 속 썩이고
아이들에게 야단맞고
그래도
다시 만난 아들과
아슬아슬한 삶의 기회에
안도의 성호를 긋는다.

2010년 7월 16일-22일

시술

면제란 없었다.
사고 이전으로 돌아가
일상의 삶을 누리는
행운은 오지 않았다.

응급수술실
머리에 구멍을 뚫고
어혈을 뽑아내야 하는 시술을
기다렸다.

부분 마취를 하고
양손을 매고
눈을 가리고 방수포를
얼굴 위에 씌우고

"자, 이제 뚫습니다.
소리가 좀 시끄러울 겁니다."
해머로 바위를 깨는 소리일까.

드릴로 아스팔트를 뜯는 소리일까.
공포의 순간들이 지나가는데
의사는 계속 질문을 하고
나는 답을 하며
견뎌야 했다.

"이제, 뽑아냅니다."
방수포 위로 분수처럼
솟구친 액체가
쏟아지는 소리는
소낙비 같다.
어떤 의사의 손이
내 왼손을 꼭 잡아준다.

어리석은 행동 때문에
이렇게 엄청난 상처를
입게 된 것, 모두가
나의 실수다.

시술을 하는 의사의
자신감 넘친 음성과
나의 모든 것을 맡긴

신뢰 깊은 그의 손.

응급환자 입원실
울컥 눈물을 터뜨리는
제이의 얼굴을 올려다보며
"이제 다 끝났는데 왜 울어?"
그러면서 우린 서로를 다스렸다.

수술 전
복도에서 머리를 깎을 때
이발사에게 조심해서 깎으라고
신신당부하던 큰아들 민이.

머리카락을 모두 깎인
거울 속의 내 모습은
포로수용소의
유태인 노인네 같다.

상상을 더 올려 보면
뾰죽한 민둥산 머리에
고대 이집트 네프라티티
왕비의 높다란 관을

올려놓으면 어떨까.
하지만 어떤 모자도
지금은 어색하다.

사고 후 삼주 연속
찾아갔어도 별일 없다는
의사의 진단이
나를
응급 위기로 몰고 갔던 것.

오진을 하는 의사와
치료를 하는 의사 사이를
왔다 갔다 하며
생명을 구하는
세상의 이치를
깨달아 가고 있다.

2010년 8월 9일

9 · 11

세계사 공포의 날
9 · 11, 의사를
만나러 가는 날이다.

뇌수술 하던 날
내 인생 공포의 날에
수술실을 나오며
자가 점검을 시도했다.

암송하는 시 중에서
가장 긴 시, 존 던의
"눈물을 금하는 고별사"를
마음속으로 외웠다.

막히는 곳 없이
"내가 시작한 곳에서
끝나게 하는 거라오."
마지막에 이르러

뇌 기억이 온전함에
스스로 안심했다.

아무 일 없을 거라고
거듭거듭 안심시키는
나의 보호자 큰아들.

폭탄을 맞고
폐허가 된 자리
그라운드 제로엔
기념비와 함께
어느 날 재창조물이
세워질 것이다.

의사를 만나고 나오면
뇌손상 복구를 위해
나는 무엇을 다시
시작할 수 있을까.

2010년 9월 11일

시준에게

10월 9일 한글날
네가 우리에게로 왔지.

특별한 날 손자가
탄생한 걸 어떻게
축하해야 할까.

눈을 감고 잠들어
있어도, 눈을 뜨고
살피고 있어도, 네
증조할머니 얼굴
사람들은 할아버지
모습이라 하고.
닮음은 신기한 것
가계의 도장 같은 것.

조각 같은 눈, 코, 입,
엄마 뱃속에서

딸로 오인되다가
아들로 판명된 아기.

병원 신생아 방에서
'꽃미남' 아기로
평판이 높다.

별안간 소리 질러
불편을 알리긴 해도
길게 울지 않고
잘 먹고 잘 자는 아기,
착하게 태어나는 걸
축복이라 하고 싶다.

시준아
어려운 세상에서도
선善함이 제일인 것을
긍지로 지키기 바란다.

2010년 10월 28일

사랑의 빵굼터

다문화가정 새댁들이
은평구 빵굼터에 모였다.
베트남, 캄보디아, 중국에서 시집온
갓 스물 색시 아홉 명
둘은 벌써 아기를 업고,
유모차를 끌고,
한 여인은 배불러
허리 펴기가 힘들다.

적십자 자문위원들이
이국에서 온 이들을 위해
함께 빵을 구워
나누기로 한 날이다.

위원장으로서 하는 인사말
"신묘년 토끼의 해지요?
빵 구우러 오면서 생각했어요.
토끼는 달나라에서 떡방아 찧고

우리는 다문화가정 주부님들과
이 지상에서 사랑의 빵을
굽지요. 빵을 만들어
나누면 우리 기쁨이니,
오늘 아무쪼록 즐거운
노동되기 바랍니다."

한국어를 알아듣는 젊은
외국 새댁들이 박수를 친다.

밀가루 반죽 위에 너트를 뿌리고
한웅큼씩 떼어내어
둥글게 굴린 가운데
팥 뭉치를 넣어 곱게 감싸서
상에 놓고 손바닥으로 내리친다.
그리고 오븐 속에 넣으면
팥빵이 되어 나온다.

다음은 초코 머핀 만들기
오목 컵들이 나란히 달린 머핀 판
컵 속에 주름종이를 넣고
반죽을 부어 채운 위에

너트를 뿌려 굽는다.

즐거운 노동의 끝은
갓 구운 빵과 우유를
나누며 일과를 마치는 것.

다문화 아낙들이 집으로
돌아가는 길은, 적십자 선물
보따리와 사랑의 빵 주머니를 들고
인사하고 웃으며 돌아서는 길.

저들이 겨울나기에
가슴 한구석 온기가 돌기를.

2011년 1월 19일

일념, 마흔 해

고향땅에 일터를 일구어
일구월심 마흔 해를
달려온 제이.

11만의 교우를 길러낸
경남의 지성소至聖所
그 자취와 흔적을
동료들이 화보집으로
묶어주었네.

40만 장 기록사진 중에서
440장의 사진으로 엮은
대학과 지도자의 역사
엮은이들은 마음을 다하여
지치고 힘들 때
곁에 두고 보는
애독서가 되길 바라네.

축시에서 시인은
"미래의 나무를 심어온 사람"
"평화의 나무를 심는 사람
한반도 통일의 나무를 심고 가꾸는 사람"
이라 노래하네.

우리가 만난 지 45년
학원의 숲을 이룬 마흔 해보다
앞선 것에 나 혼자
긍지를 가져보네.

금혼을 기다리며
미래를 끊임없이 엮어 갈
제이에게
은총의 빛이 넘치길 빌며.

2011년 2월 11일

제이의 제9대 총장취임식에서.

일본 대지진

1.
아들이 운동을 하다가
엄마 집에 들렀네.

TV에서 센다이, 후쿠시마
지진 참상을
영상으로 보여주는데
쓰나미가 휩쓸어가는
배, 자동차, 집채들.

순식간에 바닷가
마을은 부서져
쓰레기 더미로 변했네.

제이와 아들과
나는 아연해
할말을 잊었네.

지구의 종말이 오는가,
"소, 돼지들이 구제역으로
파묻히더니······."
"말세의 징조일까?"
"엄마. 애들은
어떻게 하라고, 그런 말을?"
(그렇지, 시연이, 시준이
아직 아기들인데)
"우리 아들이 진정
아버지가 되었네!"
(말세는 안 되지.)
(미래가 있는데.)
노인의 실언을
자책하며
아버지인 아들을
소망처럼 바라보네.

2.

"세상의 그 어디보다
깨끗하게 정돈된 나라
질서와 예의가
몸에 밴 사람들이 어떻게."

아들은 일본의 상실을
정녕 애타하네.

여러 차례 여행했던
추억과 미국 연수 때
만났던 친구들
라이벌이면서 가까운
이웃나라 생각 때문에
아들의 상심은
깊어지네.

2011년 3월 11일

후쿠시마 원전 사고

대지진 쓰나미가
휩쓸고 간 상처에
보이지 않는 방사선
유출위기까지, 날마다
가슴을 조이고 있네.

후쿠시마에 서 있는
여섯 대의 원전
전기 에너지를 주던
역할을 잃고 이젠
생명을 위협하는 괴물들
아무리 인류의 미래를
걱정해본들 소용없는 일.

어린 자식들 때문에
애태우는 아들의
근심만 할까.

방사선, 눈에 보이지 않고
수치로만 겁을 주는 존재
유익과 유해를
동시에 품은 물질
인간을 일시에
함몰시키는 힘을
어찌 감당할 것인가.

원전복구를 위해
목숨 건 181명의
결사대를
위해 기원하네 .
지성이면 감천이란 말은
지상에서 믿어야 하는 것 외
달리 무엇을 할 수 있을까.

2011년 3월 22일

두 번의 건배사

1. 만찬 건배사

생애 처음 하는 건배사를
내 어머니의 고향
내가 오늘 처음 본
청주에서 해 보았네.
사백여 명의 적십자
자문의원들을 향해
청풍명월의 고장
청주를 기억하자며
내가 축배를 들어
"청풍!"이라 외치니
"명월!"이라 화답했네.

2. 오찬 건배사

어제도, 오늘도 운 좋은
화창한 봄날이었지요.
조선 후기 방랑시인
김삿갓의 봄날 풍경은

아쉬웠지요.
"한걸음, 한걸음, 또 한걸음 걷다보니
푸른 산 흰 바위 사이사이 꽃이로다.
화가 불러 이 경치 그리려 하면
저 숲 속에 새 소리는 어찌하려나."
그렇게
봄날은 가도
우리 적십자 자문위원은
사랑과 봉사로서 또다시
새로운 봄날을 맞이할 것이지요.
"사랑!" 하고 축배를 드니
"봉사!" 라고 화답했지요.

2011년 4월 13일-14일

대한적십자사 제50차 전국 여성봉사특별자문위원 총회. 충청북도 청주에서.

왕실 결혼식

TV앞 소파에
제이와 함께 편히 앉아
BBC 영국 왕실 결혼식
중계를 지켜보았네.
전세계 20억 명의 시청자 중
일원이 된 셈이네.

윌리엄과 케이트가
선정했다는 성가
"자비와 사랑이 있는
곳이 신이 계신 곳"은
성가대를 통해
맑게 울려 퍼졌네.

거리를 가득 메운
영국인들은 아마
비운에 간 다이애나 왕비를
가슴에 묻고, 윌리엄 왕자를

지켜줄 평민 케이트
왕세자비의 행운을 빌 것이네.

왕실 마차를 타고
버킹검 궁으로 향하는
윌리엄과 케이트를
바라보는 군중에게는
신데렐라의 꿈이 실현되는
행복한 광경이었네.

2011년 4월 29일

편지

"엄마, 기표가 크면
나 세계일주 시켜준대!"
나와 함께 운동하러 가던
큰아들이 흥겹게 자랑했네.

문득
생일에 기표한테서 받은
편지가 생각났네.

"할머니 이번에 드리는
선물은 작지만 나중에
어른이 되면
할머니 생신 선물로
세계일주 시켜 드릴게요."

옛날에 큰아들을 믿었듯이
손자를 믿네.

"건강하게
오래오래 사셔서
다 같이 세계일주 가요."

편지에 그림도 그려 넣었네.
"생일축하"를 반복하는
앵무새와 케이크와 하트,
멜로디 기호와
노래하는 기표가
색연필 무지개 색으로
가득 차 있네.
큰아들은 아홉 살 먹은
아이의 진심을 믿고
나는 공들인 그 편지를
소중히 간직하네.

2011년 7월 18일

사랑

"저기 좀 봐.
큰 곰이 앞서고
작은 곰이 따라가네."

거실 유리창 밖을
내다보고 있는
제이가 말하네요.

우리 집에 들렀다가
돌아가는 큰아들과 손자.

둘이서
똑같은 어깨걸이 가방을
한쪽 어깨에서
반대편 허리까지
사선으로 메고
막 오기 시작한 비를
피해 서둘러 가는 풍경.

(아빠는 주차장에서
자동차를 속히 꺼내
아들을 태우려고
먼저 가고 있네요.
그 뒤를 아들도
열심히 따라가고요.)

그들을 바라보는
제이의 등 뒤에
또 하나의 시선.
흐르는 강물처럼
우리는 그렇게 흐르네요.

2011년 8월 24일

삼형제 맺기

바스케스 라나 회장이
경남대에서
명예박사 학위를 받던 날
세계 제일 부호
카를로스 슬림과 동행했네.

한때 과녁을 맞히는
신기의 사격선수로
명성을 날린 바스케스 라나는
IOC 위원으로 세계
사격연맹을 이끌고 있고.

카를로스 슬림은
멕시코에서 통신사업으로
세계를 누빈
으뜸 재벌인데
십여 년 전 아내를 잃고
가슴에 묻은 채

아이들과 함께 지내는
모습을 핸드폰 영상에
담아가지고 다니는
로맨티시스트였네.

제이는 일흔일곱의
바스케스 라나가
넘어질세라 그의 손을
꼭 잡고 걸어 다니는데
일흔둘의 카를로스 슬림이
가쁜 숨으로 따라와
제이의 다른 손을
잡으며 "나도! 나도!"
외쳤네.

그 순간에
세 사람이 함께
잡은 손은 즉석에서
삼형제를 맺었네.

막내는 나이 제일 적은
제이의 몫이련만

삼형제 행사의 경비를
모두 대는 조건으로
카를로스가
막내 역을 사버렸네.

연장자도 싫고
형 노릇도 싫어
동생만 하고 싶다는
카를로스 때문에
제이는 졸지에
연령차례를 초월한
형과 아우를
맞아 중심에 섰네.

2012년 4월 5일

제인 하만

계단을 살펴
내려디디며
"총장은 운동선수니
걱정할 필요 없고
우리만 조심하면
되겠네요."
생각을 동시에 말하고
기억을 적지 않고
전달하는
활달한 여성 지도자.

우드로 윌슨센터의 원장
제인 하만이 경남대
서울 연구소에서 명예
박사학위를 받았네.

남편도 부자지만
자신도 못지않은 부자로

여성의 지위향상에
지대한 관심을 가졌네.

"총장의 부인과 아들이
내 학위 수여식에
참석한 것은
나를 진정으로
인정하고 축하하는
표현이라 믿는다"고
답사하는 예순여섯의
총기 넘치는 여인.
꽃다발 리본에 새겨진
꽃집 이름을 보고
"제인"이라는 우연에
놀라 반기며
깊은 인연으로
연결시키네.

2012년 4월 24일.

장군의 전역식

봄바람 불어
화창한 오월의 오후
주한 미팔군
용산 연병장에
미국기와 한미연합사기와 태극기가
펄럭이고 또 펄럭이네.

40년 군인생활을
마감하는 데니스 소장은
우리와 골프로 맺어진 인연.

중앙 초대석에 앉은
우리 앞으로 미군악대,
육 · 해 · 공군, 해병대가
차례로 입장하네.

예포가 울리고
사령관과 데니스 장군은

군용차에 올라
천천히 사열하는데
초대석 우리 앞을 지나며
잠시 고개를 돌릴 때
나는 무릎에 얹은 오른손을
나지막이 올려
가만히 저었네.

장군은 미소로 답하고
교감이 오고간 찰나를

답사에서 말하네.
사열식에서 숙녀가
손을 흔든 상대는
사령관보다 자신이라
믿는다고.

두 딸한테서
일곱 손자손녀를 얻은
데니스와 아디는
이제 평생 몸 바친
군대를 떠나

고향에 가서 아이들을
돌볼 것이라 하네.

남편이 자리를 비운
수많은 날들을
홀로 아이들을 키운
아내 아디에게
모든 사랑을 바치는 장군,

"올드 랭 자인"이
군악대에서 울려 퍼질 때
"노병은 결코 죽지 않고
다만 사라지는" 것이듯
장군의 별이
빛나는 순간이었네.

2012년 5월 4일

우리 기쁜 젊은 날
—62기 이화졸업 50주년 기념여행

50년 전 과거가
현재로 살아나는 날
미국, 일본, 영국, 호주, 러시아에서
집으로 찾아온 친구들,
전국 각지에서 모여든
그 옛날 친구들.

목에 걸은 이름표 없이
한눈에 알아보기 힘들어도
잠시 있으면 곧 떠오르는
그때 우리 기쁜 젊은 날의
그 얼굴들.

우리는 사라진 시간 너머에
피어오르는 추억을 그리며
네 대의 버스에 실려
남도 여행을 떠났네.

서울을 떠나 6월의
푸른 산 들을 휙휙
지나치는 버스 안에서
여흥의 사회자는
실종된 등산가의 에피소드를
소개하네.
고산에서 얼어붙어 강물을
타고 50년 만에 떠내려 온
냉동연인
긴 세월 기다린 여인이 모래밭에
그리는 연인의 얼굴은
점 하나까지 기억해내도
그 마음만은 알 수 없다 하네.
무심한 세월, 그래도
꺼지지 않는 우정, 사랑
때문에 우리는 더러
눈물 흘리지 않는가.

버스는 고창에서 서고
우리는 남도의 매운 맛이
싸-아하게 곁들인
복분자, 장어구이로

점심식사를 했네.

그리고 선운사 절길을 따라
산책했네.
천장 서까래에서 엄하게
내려다보는 용의 형상 아래,
부처님 손가락의 오묘한
동작을 생각하며
걷고 걸었네.
찻집에선 얼음 가득한
오미자차도 마시고.

아이패드로 열심히 사진을 찍는
나의 죽마고우, 핸드폰,
디지털 카메라, 아직도 그 옛날
수동 사진기를 더 신뢰하는
친구도 있네.

목포에 이르러
시원하게 펼쳐진 바다, 실로
"목포는 항구다."

다도해 유람선에 올라
가이드의 마이크 설명을 듣네.
바람 불고 푸른 물은 출렁이고
멀리 유달산을 바라보는데
"목포의 눈물", 이난영은
그곳에서 홀로 외롭게
죽었다 하네.

호텔 체크 인
룸메이트는 조용하고 겸손한 친구
누가 이렇게 좋은 이로
짝지어 놓았을까 궁금해지네.

신명이 절로 나는
남도의 국악공연
그리고 오래된 친구들의
노래와 춤으로
목포의 밤은 깊어갔네.

이튿날
순천만의 갈대밭
넓고 광활한 들판 만큼

시원해지는 마음
논게들은 구멍으로 들락날락
우리는 사진을 찍고 또 찍었네.

벌교에서 꼬막정식을 먹고
진도로 향했네.
우리들의 영웅 이순신 장군이
울돌목에서 13척의 배로
133척의 일본 적선을
물리친 명량대첩지
해질녘 바람은 세차게 불고
물살은 여전히
거칠게 굽이치는데
위기의 순간
고독하게 우뚝 선 장군의 모습은
"칼의 노래"를 상기시키네.

목포의 밤, 찬란한 순간은
음악 분수 쇼에서 빛났네.
흘러간 명곡과 오늘의
K팝 음악에 맞춰
바다 가운데 분수가

레이저광선으로
율동의 기교를 보이는데
"환영합니다.
62기 이화여고 50주년 동창들"
글자의 광채가
우리 마음을 흔들었네.

"한줄기 새 빛이
동방에 비치니"
우리는 목청껏 교가를 제창했네.

시간은 쏜살같이 지나
벌써 마지막 날
우리는 목포를 떠나
보성 녹차 밭으로
열 지어 자란 푸른 잎 사이사이
녹차 아이스크림을 들고
계단식 언덕을 올랐네.

대숲에 일렁이는 바람을 쐬려
담양 죽록원을 걷고
메타세콰이어 가로수 길을 지나

서울로 가는 버스에 실렸네.

청계산 만찬 후
회장은 "신혼여행에서
돌아온 기분"이라 말하네.
옛 친구들 하나하나
놓치지 않고 설득하여
동행의 기쁨을 함께한
그 열의를 생각하네.

헤어져도 아주 떠나지 않는
마음, 해가 서산 너머 져도
다시 떠오를 동녘을 바라보는 것.
"사랑의 절반은 반대 방향에서
기다리는 것"이라
시인은 말하네.

2012년 5월 31-6월 2일

2012 런던 올림픽

과녁을 명중한
마지막 한 발, 또 한 발
두 개의 사격 금메달과 진종오

타격받은 한쪽 눈이
보이지 않아도
남은 한눈으로 승리한
그레코로만 레슬러 김현우

그들은 모두 우리
경남대 졸업생들이네.

마음 졸이며 긴장하고
기원하며 응원했던
제이는 편안할 시간을
알아내어 축하전화를 했네.

무수한 실수와 실패, 고된

훈련과 인내로 얻은 환희가
올림픽의 영광이리라.

4강에 들어 가슴 벅찬
우리 축구가 또 한 번의
"결승," 한·일전을 이긴 날
감독과 태극전사들을
우린 결코 잊지 못하리.

고난도의 비상과
완벽한 착지, 체조의 양학선
안타까운 실수, 그래도
어여쁜 손연재,

기지 넘치는 번개 볼트
이들 올림픽 별들과
한 시대를 사는 기쁨이
삶에 긍지가 되네.

2012년 8월 11일

생일

나이 먹는 걸
축하받기 싫어서
한사코 생일을
기념하지 않기로 했던
제이가 오늘은
가족 모두를 불러 모았네.

어린 막내 손자가
함께 들어간 가족사진을
찍기 위해서
우리 모두 아홉인데
여덟 사람의 가족만
사진틀 속에 넣고
너무 오래 기다렸기에

그 무엇보다
즐거운 가족을
회복하기 위해서

생일을 선택했네.

케이크 위에
하나의 촛불을 켜고
할아버지와 아이들이
힘을 모아 불을 껐네.

우리 모두 생일축하
노래를 합창하고
말 못하는 막내 손자는
'아! 아!' 로 박자를 맞추었네.
가슴속에
따듯한 불을 켜고
우리는 모두 아홉을
소중하게 기억하기를.

즐거운 생일에
빌고 또 빌었네.

2012년 8월 11일